GOTT IM ANDEREN

Gott im anderen

Ein diakonisches Lesebuch

Herausgegeben von
Günter Bezzenberger
und
Wolfgang Erk

J. F. Steinkopf Verlag Stuttgart

Günter Bezzenberger, Oberlandeskirchenrat. Geboren 1923 in Darmstadt. 1951 bis 1955 Vikariat und Pfarrdienst in Diasporagemeinden. 1955–1960 Landesjugendpfarrer der Evangelischen Kirche von Kurhessen-Waldeck. Seit 1960 im Landeskirchenamt Kassel. Referent für Mission, Diakonie und Öffentlichkeitsarbeit. Vorstandsvorsitzender des Kurhessischen Diakonissenhauses Kassel. Rechtsritter des Johanniterordens.

Wolfgang Erk, 1943 in Goslar geboren. Redaktions- und Verlagsvolontariat. Lektor. Publizist. Seit 1971 Redakteur der Evangelischen Pressestelle für Weltmission in Hamburg.

Einband: Wolf J. Ladiges, Wedel.
Gesetzt, gedruckt und gebunden 1973 bei Herder-Druck, Freiburg i. Br.

ISBN 3 7984 0282 5

ZUM BEGINN

Wohl denen, die arm sind vor Gott und es wissen.
Ihnen gehört das Reich der Himmel.

Wohl denen, die Leiden erfahren.
Trost ist ihnen gewiß.

Wohl denen,
die gewaltlos sind und Freundlichkeit üben.
Erben werden sie das Land.

Wohl denen,
die hungrig und durstig nach Gerechtigkeit sind.
Ihr Hunger und Durst wird gestillt.

Wohl denen, die barmherzig sind.
Sie werden Barmherzigkeit finden.

Wohl denen, die aufrichtig sind in ihrem Herzen.
Sie werden Gott sehen.

Wohl denen, die Frieden bringen.
Gottes Kinder werden sie heißen.

Wohl denen, die verfolgt werden,
weil sie die Gerechtigkeit lieben.
Ihnen gehört das Reich der Himmel.

Wohl euch, wenn man euch, um meinetwillen,
schmäht, verfolgt und mit Lügen verleumdet. Freut euch und seid glücklich darüber; denn groß wird euer Lohn im Himmel sein.

Matthäus 5,3–12a
in der Übertragung von Walter Jens

Dimensionen der Diakonie

In den Aufzeichnungen Dietrich Bonhoeffers aus seiner Gefängniszeit findet sich folgender Gedanke: »Das Christentum stellt uns in viele verschiedene Dimensionen des Lebens zu gleicher Zeit; wir beherbergen gewissermaßen Gott und die ganze Welt in uns.«

1.

Der zum Himmel auffahrende Herr – so erzählt eine alte Legende – wird von den Engeln, die ihn begleiten, gefragt: »Was wird nun aus deinem Werk auf Erden? Wie soll es weitergehen, wenn du im Himmel bist?« Der Herr zeigt auf die Jünger, die vom Ort der Himmelfahrt nach Hause gehen, und sagt: »Ich habe meine Jünger!« Doch die Engel fragen weiter: »Wenn die aber versagen, welchen Plan hast du dann?« Christus antwortet ihnen: »Ich habe keinen anderen Plan.« – Wir also sind Christi Plan, um die gute Botschaft zu den Menschen zu bringen und sie der Welt zu erhalten; die gute Botschaft im umfassenden Sinne, so wie sie den Jüngern aufgetragen wurde: »Geht hin und predigt: Das Himmelreich ist nahe herbeigekommen! Heilt Kranke, erweckt Tote, macht Aussätzige rein, treibt Dämonen aus! Umsonst habt ihr empfangen, so gebt auch umsonst!«

2.

Im Johannesevangelium findet sich die Formulierung: »Die Wahrheit tun.« Die eine Wahrheit, die Jesus Christus gebracht und gelebt hat, ist die Liebe. Sie kann nur erkannt werden, wenn sie uns begegnet. Und sie kann nur durch uns, durch unser Tun von anderen erfahren werden. Was im Tun der Wahrheit vorrangig ist, Zuspruch oder Tat, ergibt sich aus der Situation. Liebe im Sinne des Glaubens läßt sich nicht vorprogrammieren.

3.

Über den Platz der Diakonie gibt es heute verschiedene Meinungen unter Christen. Die einen sagen: Nächstenliebe ist Frucht des Glaubens, darum ist an erster Stelle das Evangelium zu predigen. Andere sagen: Unser Predigen ist unglaubwürdig geworden; heute muß sich das Evangelium als Einsatz für die Armen, Notleidenden und Verfolgten erweisen. – Geschieht es aber zu Recht, Wort und Zeugnis voneinander zu trennen und eine Rangfolge aufzustellen? Jesus Christus hat die Gottes- und Nächstenliebe untrennbar miteinander verschmolzen: »Du sollst den Herrn, deinen Gott, lieben mit deinem ganzen Herzen, mit deiner ganzen Seele, mit allen deinen Gedanken, und deinen Nächsten wie dich selbst.«

4.

Gottes- und Nächstenliebe gehören zusammen. Glaube und Tun lassen sich nicht voneinander trennen. Denken wir an einen gewebten Teppich, der an der Wand hängt. Die Fäden liegen in verschiedener Richtung. Senkrecht und waagrecht. Dadurch erhält das Gewebe Festigkeit und Dauer. Ebenso gehören der Glaube und die Tat fest zusammen, damit unser Christsein nicht zerfällt und unglaubwürdig wird. »Die Liebe gehört mir wie der Glaube«, sagte Johann Hinrich Wichern in seiner berühmten Rede beim Wittenberger Kirchentag 1848. »Wie der ganze Christus im lebendigen Gottesworte sich offenbart, so muß er auch in Gottestaten sich predigen, und die höchste, reinste, kirchlichste dieser Taten ist die rettende Liebe.«

5.

Im Neuen Testament bedeutet »diakonia« Einsatz für den Glauben in allen Bereichen. Die Predigt des Evangeliums heißt »diakonia«. Ebenso ist die Hilfe für die Armen »diakonia«. Das Gebet ist Gottesdienst und auch die Barmherzigkeit. Alle Dienste sind zusammengefaßt in ihrer Beziehung zu Gott, denn jeder Dienst soll, darf und kann Gottesdienst sein. Diese Beziehung zu Gott hin gibt jedem Dienst Bedeutung und Rang. In einer Vorlage für die deutsche katholische Synode ist zu lesen: »Christliche Diakonie steht in unlösbarem Zusammenhang mit der Verkündigung und dem Gottesdienst der Christen. Verkündigung selbst ist auch Diakonie; Diakonie auch Verkündigung. Die Einheit beider zu wahren muß eine beständige Sorge der ganzen Gemeinde sein. Diakonie gehört zu den Inhalten der Verkündigung; sie macht sie glaubwürdig als frohe Botschaft.« – Für diesen Sachverhalt läßt sich auch ein Bild gebrauchen: Abendmahl und Fußwaschung fanden in *einem* Saale statt – und beide sind das Vermächtnis Jesu Christi.

6.

Die Heilungsgeschichten des Neuen Testaments spiegeln eine Erkenntnis wider, die uns weithin verlorengegangen ist. Sie erinnern an die enge Verknüpfung und Verbindung von Heilung und Heil. Oft wird bei uns heute beides säuberlich voneinander getrennt. Für die Heilung, die »nur« den Körper betrifft, ist der Arzt zuständig. Das »Seelenheil« erscheint davon unabhängig. Will der Kranke neben den Heilungsbemühungen noch etwas vom »Heil« wissen, mag zusätzlich der Pfarrer gerufen werden. Auch auf dem Gebiet der Sozialarbeit ist Ähnliches zu beobachten. Der Heilung entsprechen hier die Änderung der äußeren Verhältnisse und die Rehabilitation. Die Beziehungen des Menschen zu Gott bleiben davon unberührt. – Der Bibel ist eine solche Trennung völlig fremd. Sie kennt nicht den Dualismus von Leib und Seele. Sie betont die Einheit des Menschen in seinem körperhaften und seelischen Sein. Als ganzem, als Ich, gilt ihm das Heil, wie die Heilung nicht nur ein Organ, sondern den ganzen Menschen betrifft.

7.

Viele Krankheiten haben ihre Ursachen im inneren Verhalten des Menschen, im Verhalten seiner Umwelt oder in den sozialen Verhältnissen. Man braucht nur an Ursachen für Verkehrsunfälle oder an die Hintergründe von Trunksucht und Drogenabhängigkeit zu denken. Darum ist es um der Heilung willen nötig, den Menschen als Ganzes zu sehen, ihn in seinen eigentlichen Abhängigkeiten und in seiner Suche nach letzter Geborgenheit zu erkennen. Diakonisches Handeln wird damit zu einer unaustauschbaren und unübertragbaren Aufgabe. Sie hängt zutiefst und unteilbar mit der Ganzheitlichkeit des Evangeliums zusammen. Das heute mitunter geforderte »wortlose Zeugnis« entpuppt sich bei dieser Betrachtung als fataler Irrtum. – Solche Einsichten erlauben nicht, in dem Kranken oder Hilfsbedürftigen ein passives »Bekehrungsobjekt«

zu sehen. Die Zusammengehörigkeit von Heil und Heilung kann nur verstanden werden im Sinne des Angebotes, im Sinne der Präsenz, um dem Menschen in seiner Ganzheit zu helfen und für ihn bereitzustehen.

8.

Die Liebe hat nach dem Evangelium bleibenden Bestand. Aber die Formen der Diakonie müssen sich wandeln. Unser Dienst darf nicht zeitlos sein, denn er geschieht in einer Zeit mit ihren bestimmten Ausprägungen und Anforderungen, mit ihren bestimmten Lebensformen und Problemen. Unser Dienst hat mit diesen Situationen und Fragen zu tun. Die Wahrheit ist immer konkret, hat Bert Brecht gesagt. Dieses Wissen muß auch den diakonischen Einsatz bestimmen. – Diakonie hat mit Zeit zu tun. Das bedeutet auch, daß sie immer Dienst auf Zeit ist. Oft schleppt man die Vergangenheit als drückende Last mit sich herum und gewinnt nicht die Beweglichkeit und Freiheit zu dem konkreten Dienst, den die Zeit erfordert, den Jesus Christus in unserer Zeit von uns erwartet. Wer sich dieser Erwartung stellt, vermag das Jenseitige als das Naheliegende, das Bleibende inmitten der zerrinnenden Zeit zu erfahren.

9.

Wem das Evangelium Auge und Gewissen schärft für die bestimmte Zeit, in der wir leben, dem werden rasch Risse und Lücken deutlich, Mangelkrankheiten der Gesellschaft und des einzelnen. Bei solchen Entdeckungen hat die Diakonie eine doppelte Funktion. Sie soll Stellvertretung und Appell sein. »Stellvertretung« bedeutet, daß Christen ihren Herrn an den Stellen der Not vertreten und ihn hier entdecken; denn Christus steht auf Seite der Armen. Stellvertretung bedeutet, die Stimme der Stimmlosen zu werden, einzutreten für ihr Recht auf Liebe und Bejahung. Dabei wird der Dienst der Christen zum Appell, der das Gewissen des einzelnen und das Gewissen der Öffentlichkeit wecken will für die Not in unserer Mitte. Was war die Beispielerzählung vom barmherzigen Samariter anderes als ein solcher Appell? »So gehe hin und tue desgleichen!«

10.

Diakonie ist Schritt über die Grenze. Über die Grenze unserer Selbstsucht und Ängstlichkeit, unserer Ansprüche und unserer fehlenden Freiheit, für andere einzutreten. Zu diesem Schritt über die Grenze macht uns Jesus Christus Mut. Durch seine vielfältige Gegenwart in seinem Wort und in den Situationen unseres Lebens will er uns dazu befähigen. Diakonie ist Schritt über die Grenze, der für uns Chancen mit sich bringt. Chancen:

die Welt und die Menschen in anderen Zusammenhängen
zu sehen;
ein neues Leben zu entdecken;
die Freiheit zu erfahren, die Gott für uns bereithält;
dem anderen ein Christus zu werden.

Günter Bezzenberger

ZEHN KAPITEL

I

Gott braucht Menschen

Christus hat keine Hände, nur unsere Hände,
um seine Arbeit heute zu tun.
Er hat keine Füße, nur unsere Füße,
um Menschen auf seinen Weg zu führen.
Er hat keine Lippen, nur unsere Lippen,
um Menschen von seinem Tod zu erzählen.
Er hat keine Hilfe, nur unsere Hilfe,
um Menschen an seine Seite zu bringen.
Wir sind die einzige Bibel,
die die Öffentlichkeit noch liest.
Wir sind den Sündern das Evangelium,
den Spöttern das Glaubensbekenntnis.
Wir sind Gottes letzte Botschaft,
in Worten und Taten geschrieben.

Verse einer amerikanischen Christin

Oben und Unten sind aneinander gebunden. Wer mit den Menschen reden will, ohne mit Gott zu reden, dessen Wort vollendet sich nicht; aber wer mit Gott reden will, ohne mit den Menschen zu reden, dessen Wort geht in die Irre.

Martin Buber

Soll ich mein letztes End und ersten Anfang finden,
so muß ich mich in Gott und Gott in mir ergründen
und werden das, was Er: ich muß ein Schein im Schein,
ich muß ein Wort im Wort, ein Gott im Gotte sein.

Angelus Silesius

MAX FRISCH

Fragebogen

1.
Wissen Sie in der Regel, was Sie hoffen?
2.
Wie oft muß eine bestimmte Hoffnung (z. B. eine politische) sich nicht erfüllen, damit Sie die betroffene Hoffnung aufgeben, und gelingt Ihnen dies, ohne sich sofort eine andere Hoffnung zu machen?
3.
Beneiden Sie manchmal Tiere, die ohne Hoffnung auszukommen scheinen, z. B. Fische in einem Aquarium?
4.
Wenn eine private Hoffnung sich endlich erfüllt hat: wie lange finden Sie in der Regel, es sei eine richtige Hoffnung gewesen, d. h., daß deren Erfüllung so viel bedeute, wie Sie jahrzehntelang gemeint haben?
5.
Welche Hoffnung haben Sie aufgegeben?
6.
Wie viele Stunden im Tag oder wie viele Tage im Jahr genügt Ihnen die herabgesetzte Hoffnung: daß es wieder Frühling wird, daß die Kopfschmerzen verschwinden, daß etwas nie an den Tag kommt, daß Gäste aufbrechen usw.?
7.
Kann Haß eine Hoffnung erzeugen?
8.
Hoffen Sie angesichts der Weltlage:
a) auf die Vernunft?
b) auf ein Wunder?
c) daß es weitergeht wie bisher?
9.
Können Sie ohne Hoffnung denken?
10.
Können Sie einen Menschen lieben, der früher oder später, weil er Sie zu kennen meint, wenig Hoffnung auf Sie setzt?

11.
Was erfüllt Sie mit Hoffnung:
a) die Natur?
b) die Kunst?
c) die Wissenschaft?
d) die Geschichte der Menschheit?

12.
Genügen Ihnen die privaten Hoffnungen?

13.
Gesetzt den Fall, Sie unterscheiden zwischen Ihren eigenen Hoffnungen und den Hoffnungen, die andere (Eltern, Lehrer, Kameraden, Liebespartner) auf Sie setzen: bedrückt es Sie mehr, wenn sich die ersteren oder wenn sich die letzteren nicht erfüllen?

14.
Was erhoffen Sie sich von Reisen?

15.
Wenn Sie jemand in einer unheilbaren Krankheit wissen: machen Sie ihm dann Hoffnungen, die Sie selber als Trug erkennen?

16.
Was erwarten Sie im umgekehrten Fall?

17.
Was bekräftigt Sie in Ihrer persönlichen Hoffnung:
a) Zuspruch?
b) die Einsicht, welchen Fehler Sie gemacht haben?
c) Alkohol?
d) Ehrungen?
e) Glück im Spiel?
f) ein Horoskop?
g) daß sich jemand in Sie verliebt?

18.
Gesetzt den Fall, Sie leben in der großen Hoffnung (»daß der Mensch dem Menschen ein Helfer ist«) und haben Freunde, die sich aber dieser Hoffnung nicht anschließen können: verringert sich dadurch Ihre Freundschaft oder Ihre große Hoffnung?

19.
Wie verhalten Sie sich im umgekehrten Fall, d.h., wenn Sie die große Hoffnung eines Freundes nicht teilen: fühlen Sie sich

jedesmal, wenn er die Enttäuschung erlebt, klüger als der Enttäuschte?

20.

Muß eine Hoffnung, damit Sie in ihrem Sinn denken und handeln, nach Ihrem menschlichen Ermessen erfüllbar sein?

21.

Keine Revolution hat je die Hoffnung derer, die sie gemacht haben, vollkommen erfüllt; leiten Sie aus dieser Tatsache ab, daß die große Hoffnung lächerlich ist, daß Revolution sich erübrigt, daß nur der Hoffnungslose sich Enttäuschungen erspart usw., und was erhoffen Sie sich von solcher Ersparnis?

22.

Hoffen Sie auf ein Jenseits?

23.

Wonach richten Sie Ihre täglichen Handlungen, Entscheidungen, Pläne, Überlegungen usw. wenn nicht nach einer genauen oder vagen Hoffnung?

24.

Sind Sie schon einen Tag lang oder eine Stunde lang tatsächlich ohne jede Hoffnung gewesen, auch ohne die Hoffnung, daß alles einmal aufhört wenigstens für Sie?

25.

Wenn Sie einen Toten sehen: welche seiner Hoffnungen kommen Ihnen belanglos vor, die unerfüllten oder die erfüllten?

Ein Christentum, das seine vertikale Dimension verloren hat, ist dann nicht nur in sich selbst fade und kraftlos, sondern auch für die Welt unnütz. Hingegen würde ein Christentum, das infolge einer Konzentration auf die vertikale Dimension seine Verantwortung für das Gemeinschaftsleben vernachlässigen würde, die Inkarnation verleugnen, die Liebe Gottes zur Welt, die sich in Christus dargestellt hat. Das ganze Geheimnis des christlichen Glaubens liegt darin, daß er sich auf den Menschen konzentriert, weil Gott in seinem Zentrum steht. Wir können nicht von Christus als dem Menschen für andere sprechen, wenn wir nicht auch von ihm als dem Menschen sprechen, der von Gott kam und für Gott lebte.

*

Die Christen haben bessere Gründe als irgendwer sonst, sich für die Menschheit einzusetzen. Sie sind nicht Menschenfreunde in dem sentimentalen Sinn, daß es nett ist, zu netten Leuten nett zu sein. Sie sind nicht Humanisten in dem aristokratischen Sinn, daß Bildung und Kultur zwischen den wenigen Bevorzugten aller Nationen eine Verbindung herstellen. Sie stehen auf der Seite der ganzen Menschheit, weil sich Gott auf diese Seite gestellt hat und sein Sohn für sie gestorben ist. Deshalb lassen sie sich nicht so schnell entmutigen, wenn der Dienst an der Menschheit sich als viel anstrengender erweist, als man dachte. Weil sie Christus nachfolgen, ist es geradezu ihr Lebenssinn, dafür zu sorgen, daß ihre notleidenden Brüder erhalten, was sie brauchen.

Willem A. Visser 't Hooft

Mein Nächster ist ein Mensch – wie ich.
Er ist geschaffen nach Gottes Ebenbild – wie ich.
Er ist losgekauft durch sein Blut – wie ich.
Er ist eins von seinen Gliedern – wie ich.
Er ist ein Kind der Kirche – wie ich.
Er ist genährt an denselben Sakramenten – wie ich.
Er ist bestimmt für denselben Himmel – wie ich.
Gott gebietet mir, ihn zu lieben - wie mich.
Jesus bittet mich darum und trägt es mir auf.
Er erachtet es als an sich geschehen, was ich jenem tue.
Er macht jenen zu seinem Stellvertreter.
Er überschreibt jenem, was ich ihm schulde.
Ich kann sein Jünger nicht sein, wenn ich jenen nicht liebe.
Ich bin kein Christ, wenn ich jenem nicht beistehe.
Wenn ich jenen verachte, wird er mich verachten.
Wenn ich jenen hasse, wird er mich hassen.
Wenn ich jenen betrübe, wird er mich betrüben.
Wenn ich jenen entschuldige, wird er mich entschuldigen.

Wenn ich jenen unterstütze, wird er mich unterstützen.
Wenn ich jenem verzeihe, wird er mir verzeihen.
Wie ich mit jenem verfahre, wird er mit mir verfahren.
Über die Liebe wird er mich richten.

Johannes Crasset

Der Christ soll sich willig zu einem Diener machen, um seinem Nächsten zu helfen, und soll so mit ihm umgehen und an ihm handeln, wie Gott mit ihm durch Christus gehandelt hat. Das alles soll umsonst geschehen und nichts anderes darin gesucht werden als das Wohlgefallen Gottes. Denn Gott hat mir unwürdigen Menschen ohne jedes Verdienst umsonst vollen Reichtum aller Gerechtigkeit und allen Heils gegeben, daß ich hinfort nichts mehr nötig habe, als nur zu glauben, es sei so. Wohlan, ich will einem solchen Vater, der mich mit seinen überreichen Gütern überschüttet hat, wiederum frei, fröhlich und umsonst das tun, was ihm wohlgefällt. Ich will meinem Nächsten gegenüber auch ein »Christus« werden, wie Christus mir geworden ist und nur das tun, was ich für ihn als nötig, nützlich und heilbringend ansehe. Siehe, so fließt aus dem Glauben die Liebe und Freude zu Gott und aus der Liebe ein freies, williges, fröhliches Leben, das dem Nächsten umsonst dient.

Martin Luther

DIETRICH BONHOEFFER

Mitleiden

Man muß damit rechnen, daß die meisten Menschen nur durch Erfahrungen am eigenen Leibe klug werden. So erklärt sich *erstens* die erstaunliche Unfähigkeit der meisten Menschen zu präventivem Handeln jeder Art – man glaubt eben, selbst immer noch um die Gefahr herumzukommen, bis es schließlich zu spät ist; *zweitens* die Stumpfheit gegenüber fremdem Leiden; proportional mit der wachsenden Angst vor der bedrohlichen Nähe des Unheils entsteht das Mitleid. Es läßt sich manches zur Rechtfertigung dieser Haltung sagen, ethisch: man will dem Schicksal nicht in die Räder greifen; innere Berufung und Kraft zum Handeln schöpft man erst aus dem eingetretenen Ernstfall; man ist nicht für alles Unrecht und Leiden in der Welt verantwortlich und will sich nicht zum Weltenrichter aufwerfen; psychologisch: der Mangel an Phantasie, an Sensitivität, an innerem Auf-dem-Sprunge-sein wird ausgeglichen durch eine solide Gelassenheit, ungestörte Arbeitskraft und große Leidensfähigkeit. Christlich gesehen, können freilich alle diese Rechtfertigungen nicht darüber hinwegtäuschen, daß es hier entscheidend an der Weite des Herzens mangelt. Christus entzog sich so lange dem Leiden, bis seine Stunde gekommen war; dann aber ging er ihm in Freiheit entgegen, ergriff es und überwand es. Christus – so sagt die Schrift – erfuhr alles Leiden aller Menschen an seinem Leibe als eigenes Leiden – ein unbegreiflich hoher Gedanke! –, er nahm es auf sich in Freiheit. Wir sind gewiß nicht Christus und nicht berufen, durch eigene Tat und eigenes Leiden die Welt zu erlösen, wir sollen uns nicht Unmögliches aufbürden und uns damit quälen, daß wir es nicht tragen können, wir sind nicht Herren, sondern Werkzeuge in der Hand des Herrn der Geschichte, wir können das Leiden anderer Menschen nur in ganz begrenztem Maße wirklich mitleiden. Wir sind nicht Christus, aber wenn wir Christen sein wollen, so bedeutet das, daß wir an der Weite des Herzens Christi teilbekommen sollen in verantwortlicher Tat, die in Freiheit die Stunde ergreift und sich der Gefahr stellt und in echtem Mitleiden, das nicht aus der Angst, sondern aus der befreienden und erlösenden Liebe Christi zu allen Leidenden quillt. Tatenloses Abwarten und stumpfes Zuschauen sind keine christlichen Haltungen. Den Christen rufen nicht erst die Erfahrungen am eigenen Leibe, sondern die Erfahrungen am Leibe der Brüder, um derentwillen Christus gelitten hat, zur Tat und zum Mitleiden.

Hoher und ruhmreicher Gott,
erleuchte das Herz in meiner Brust,
den rechten Glauben gib mir
und sichere Hoffnung,
die allumfassende Liebe gib mir
und tiefe Demut,
Sinn und Wissen,
damit ich diene deinem Gebot.

Franz von Assisi

Ich glaube, daß Gott aus allem, auch aus dem Bösesten, Gutes entstehen lassen kann und will. Dafür braucht er Menschen, die sich alle Dinge zum Besten dienen lassen. Ich glaube, daß Gott uns in jeder Notlage so viel Widerstandskraft geben will, wie wir brauchen. Aber er gibt sie nicht im voraus, damit wir uns nicht auf uns selbst, sondern allein auf ihn verlassen. In solchem Glauben müßte alle Angst vor der Zukunft überwunden sein. Ich glaube, daß auch unsere Fehler und Irrtümer nicht vergeblich sind und daß es Gott nicht schwerer ist, mit ihnen fertig zu werden als mit unseren vermeintlichen Guttaten. Ich glaube, daß Gott kein zeitloses Fatum ist, sondern daß er auf aufrichtige Gebete und verantwortliche Taten wartet und antwortet.

Dietrich Bonhoeffer

Mach mich, o Herr, mach mich der Gnade wert!
Gib mir den Frieden, den die Welt begehrt!
Hab' ich in mir die Zwietracht überwunden,
Dann kann mein Nachbar schon an mir gesunden.

Gib, daß ich Liebe spende, wo man haßt,
Und still verzeihe, wo man sich beleidigt!
Gib, daß mein Wort die Herzen so erfaßt,
Daß es verbindet und den Streit beseitigt!

Gib, daß ich wahr bin und die Wahrheit sag'
Und sie als deinen Leib durchs Leben trag'!
Gib, Herr, daß mir die größte Probe glückt
Und man mir glaubt, wo noch der Zweifel drückt!

Gib, daß ich tief ins finstre Reich hinein
Die Fackel trage, die du mir entzündet,
Und daß ich, ganz mit Fröhlichkeit verbündet,
Dem Schmerz gebiete, still zu sein!

Gebet, vermutlich aus dem 19. Jahrhundert,
Franz von Assisi zugeschrieben.
Diese Übertragung stammt von Fritz Diettrich

LEO TOLSTOI

Drei Fragen

Ein Märchen aus den Volkserzählungen

Es war einmal ein Zar. Der glaubte, daß ihm alles glücken würde, wenn er drei Dinge wüßte: erstens, wann er jedes Ding beginnen müsse; zweitens, mit welchen Menschen er es halten dürfe; und drittens, welches aller Geschäfte das wichtigste sei. Er dachte lange darüber nach, konnte es aber selber nicht herausfinden, und so ließ er in seinem ganzen Zarenreich verkünden, daß er jenem eine große Belohnung geben werde, der ihm sagen könnte, wie er den richtigen Augenblick für jedes Ding erführe, wie er die nützlichsten Leute herausfände und wie er, ohne sich zu täuschen, das wichtigste aller Geschäfte erriete.
Da kamen alle gelehrten Leute zum Zaren und beantworteten seine Fragen auf die verschiedenste Weise.
Auf die erste Frage antwortete der eine, um die rechte Zeit für jedwedes Ding zu wissen, müsse man im voraus eine Aufstellung für alle Tage, Monate und Jahre machen und sich dann streng an das halten, was man sich für den einzelnen Tag vorgenommen habe. Nur dann, so meinte er, könne jedes Ding zur rechten Zeit geschehen. Ein anderer meinte, im voraus zu bestimmen, wann

man ein Geschäft zu erledigen habe, sei unmöglich, man solle sich nur nicht unnützen Tändeleien hingeben, sondern immer aufmerksam verfolgen, was sich ereigne, und dann das tun, was nötig sei. Ein dritter sagte, wie aufmerksam man auch alles, was sich ereigne, verfolgen möge, ein Mensch allein könne niemals mit Sicherheit wissen, was für den Augenblick zu tun sei, sondern müsse einen Rat weiser Männer um sich haben und nach diesem Rat dann entscheiden, was für den Augenblick unternommen werden solle. Ein vierter wiederum behauptete, es gäbe auch Dinge, um die man nicht erst einen Rat befragen könne, sondern augenblicklich entscheiden müsse, ob man sie sogleich unternehmen solle oder nicht. Um sich dabei aber nicht zu irren, müsse man im voraus wissen, was geschehen werde. Dies aber sei nur den Wahrsagern bekannt. Und deshalb müsse man, um den richtigen Zeitpunkt für jedwedes Ding zu erkennen, die Wahrsager befragen.
Genauso verschieden beantworteten sie auch des Zaren zweite Frage. Die einen sagten, die allernützlichsten Menschen für den Zaren seien seine Helfer, die Staatsmänner; die anderen behaupteten, wichtiger seien die Priester; wieder andere meinten, die Ärzte seien für den Zaren am nötigsten; und noch andere sagten, die unentbehrlichsten Leute seien die Soldaten.

Auf die dritte Frage, welches Ding am wichtigsten sei, antworteten die einen, das wichtigste in der ganzen Welt sei die Wissenschaft; andere behaupteten, wichtiger sei noch die Kriegskunst; und wieder andere sagten, allen voran gehe doch die Gottesverehrung.
Alle Antworten waren verschieden. Deshalb konnte sich der Zar mit keiner einverstanden erklären und gab niemandem die versprochene Belohnung. Um aber zuverlässigere Antworten zu erhalten, beschloß er, einen Einsiedler darüber zu befragen, dessen Weisheit im ganzen Lande berühmt war.

Dieser Einsiedler lebte im Wald, ging nirgends hin und nahm nur einfache Leute bei sich auf. Deshalb zog der Zar ein einfaches Gewand an, ritt mit seinem Gefolge nicht ganz bis zur Klause des Einsiedlers, sondern stieg vorher vom Pferd und begab sich allein zu ihm hin.

Als der Zar bei dem Einsiedler ankam, grub dieser gerade die Beete vor seiner Hütte um. Er sah den Zaren, begrüßte ihn und grub weiter. Er war mager und schwach und keuchte jedesmal schwer, wenn er das Grabscheit in die Erde stieß und die kleinen Schollen umwandte.

Der Zar trat auf ihn zu und sprach: »Ich bin zu dir gekommen, weiser Einsiedler, um dich zu bitten, mir drei Fragen zu beantworten. Welche Zeit muß man wahrnehmen, damit man sie nicht versäumt und es nachher bereut; welche Menschen sind die nützlichsten und mit welchen muß man sich demnach mehr und mit welchen weniger abgeben; und was ist das wichtigste auf der Welt, was man vor allen Geschäften tun muß?«

Der Einsiedler hörte den Zaren an, schwieg, spuckte in die Hände und grub weiter.

»Du bist ja ganz erschöpft«, sagte der Zar. »Gib mir den Spaten, ich werde die Beete für dich umgraben.«

»Ich danke dir«, erwiderte der Einsiedler, gab ihm den Spaten und setzte sich auf die Erde.

Als der Zar zwei Beete umgegraben hatte, hielt er inne und wiederholte seine Frage. Der Einsiedler schwieg, erhob sich und streckte die Hand nach dem Spaten aus.

»Jetzt ruhe du dich aus, gib her...«, sagte er.

Aber der Zar gab ihm den Spaten nicht zurück, sondern grub weiter. Es verging eine Stunde, eine zweite; die Sonne ging schon hinter den Bäumen unter. Da steckte der Zar das Grabscheit in die Erde und sagte: »Ich bin zu dir gekommen, weiser Mann, um eine Antwort auf meine Frage zu erhalten. Wenn du sie mir nicht geben kannst, so sage es mir, dann werde ich nach Hause gehen.«

»Da kommt jemand gelaufen«, sagte der Einsiedler.

»Schauen wir, wer es ist!«

Der Zar schaute sich um, und wirklich stürzte aus dem Wald ein bärtiger Mann heraus. Er hielt sich mit beiden Händen den Leib, und unter seinen Fingern quoll Blut hervor. Beim Zar angelangt, fiel er zu Boden, schloß die Augen und rührte sich nicht mehr. Nur ein leises Stöhnen gab er noch von sich.

Der Einsiedler und der Zar rissen dem Fremden das Kleid auf. Er hatte eine große Wunde im Leib. Der Zar wusch sie, so gut er konnte, und verband sie mit seinem Taschentuch und dem Handtuch des Einsiedlers. Aber das Blut war nicht zu stillen, und

so mußte der Zar den blutgetränkten Verband ein paarmal wieder abnehmen, die Wunde noch einmal auswaschen und von neuem verbinden.
Als das Blut gestillt war, kam der Verwundete zu sich und bat um einen Trunk. Der Zar brachte ihm frisches Wasser und gab es ihm zu trinken.
Die Sonne war untergegangen, und es wurde kühl. Mit Hilfe des Einsiedlers trug der Zar den Verwundeten in die Klause und legte ihn dort aufs Bett. Als sie ihn hingelegt hatten, schloß er die Augen und wurde ganz still. Auch der Zar war von dem Wege und der Arbeit so müde, daß er sich auf die Schwelle niedersetzte und in einen so tiefen Schlaf verfiel, daß er die ganze kurze Sommernacht verschlief.
Als er am anderen Morgen erwachte, konnte er sich lange nicht erklären, wo er war und wer der fremde bärtige Mann auf dem Bett war, der ihn mit fieberglänzenden Augen aufmerksam betrachtete.
»Vergib mir«, flüsterte der bärtige Mann mit schwacher Stimme, als er gesehen hatte, daß der Zar aufgewacht war und ihn ansah.
»Ich kenne dich nicht und weiß nicht, was ich dir verzeihen sollte«, erwiderte der Zar.
»Du kennst mich nicht, aber ich kenne dich. Ich bin dein Feind, der dir Rache geschworen hatte, weil du meinen Bruder hast hinrichten lassen und mir mein Hab und Gut genommen hast. Ich wußte, daß du allein zum Einsiedler gegangen warst, und hatte beschlossen, dich zu töten, wenn du zurückkämst. Aber der ganze Tag verging, und du kamst nicht. Da wagte ich mich aus dem Hinterhalt hervor, um zu erforschen, wo du geblieben seist, und stieß auf dein Gefolge. Sie erkannten mich und brachten mir die Wunde bei. Ich floh. Aber das Blut strömte nur so, und ich wäre gestorben, hättest du mich nicht verbunden. Ich wollte dich totschlagen, du aber hast mir das Leben gerettet. Jetzt aber, wenn ich am Leben bleibe und du mich nicht von dir stößt, werde ich dir wie der treueste Sklave dienen und dasselbe auch meinen Söhnen befehlen. Vergib mir!«
Der Zar freute sich sehr, daß es ihm so leicht gelungen war, sich mit seinem Feind auszusöhnen, und verzieh ihm nicht nur, sondern

versprach auch, ihm sein Hab und Gut wiederzugeben und außerdem Diener und einen Arzt herzuschicken.
Nachdem sich der Zar von dem Verwundeten verabschiedet hatte, trat er vor die Hütte und suchte den Einsiedler. Ehe er von ihm ging, wollte er ihn noch einmal bitten, ihm seine Fragen zu beantworten. Der Einsiedler war draußen, kniete vor den Beeten, die sie gestern gegraben hatten, und pflanzte Gemüse.
Der Zar trat auf ihn zu und sprach: »Weiser Mann, ich bitte dich zum letztenmal, meine Fragen zu beantworten.«
»Sie sind schon beantwortet«, erwiderte der Einsiedler, kauerte sich auf seine dürren Waden nieder und betrachtete den vor ihm stehenden Zaren von unten.
»Wieso beantwortet?« fragte der Zar.
»Hast du es nicht verstanden?« fuhr der Einsiedler fort. »Hättest du gestern nicht Mitleid gehabt mit meiner Schwäche und nicht für mich die Beete umgegraben, sondern den Rückweg angetreten, wäre jener Mann über dich hergefallen, und du hättest es bereut, nicht bei mir geblieben zu sein. Also war es die richtige Zeit, in der du die Beete umgegraben hast, und ich war für dich der wertvollste Mensch – aber das wichtigste von allem war, daß du mir Gutes erwiesen hast. Und als jener angelaufen kam, war es gerade die richtige Zeit, daß du dich seiner angenommen hast, denn hättest du ihm nicht die Wunde verbunden, wäre er gestorben, ohne sich mit dir ausgesöhnt zu haben. Also war er für dich der wichtigste Mensch, und das, was du ihm tatest, das wichtigste Geschäft. Vergiß also niemals: es gibt nur eine wichtige Zeit für uns, und das ist der Augenblick; und er ist für uns deshalb so außerordentlich wichtig, weil wir in ihm über uns stehen. Der wichtigste Mensch ist aber stets der, dem wir gerade begegnen, und niemand weiß, ob er noch mit einem anderen Menschen zu tun haben wird; und das wichtigste Geschäft ist es, ihm Gutes zu tun, weil nur deshalb der Mensch ins Leben geschickt wird.«

Herr, ich denke an alle Alleingelassenen,
An all die, die allein sind, schrecklich allein,
Weil sie sich niemals einem anderen anvertraut haben,
Weil sie sich niemals Dir anvertraut haben, Herr.
Sie, die etwas wissen, was die anderen nie wissen werden;
Sie, die an einer Wunde leiden, die nie jemand wird behandeln können;
Sie, die an einer Verletzung bluten, die nie jemand heilen wird;
Sie, die von einem schrecklichen Schlag getroffen sind, von dem nie jemand eine Ahnung haben wird;
Sie, die in das abschreckende Schweigen ihres Herzens Ernten an Erniedrigungen, Verzweiflungen, Haßgedanken eingeschlossen haben;
Sie, die eine Todsünde verheimlicht haben und nun kalte, übertünchte Gräber sind.

Herr, die Einsamkeit des Menschen erschreckt mich.
Jeder Mensch ist allein, weil er einmalig ist,
Und diese Einsamkeit ist geheiligt; er allein kann sie brechen, sich einem anderen offenbaren und einen anderen aufnehmen.
Er allein kann von der Einsamkeit zur Gemeinschaft schreiten.
Und Du, Herr, willst diese Gemeinschaft, Du willst, daß wir miteinander geeinigt seien,
Trotz der tiefen Gräben, die wir durch die Sünde zwischen uns aufgeworfen haben;
Du willst, daß wir eins seien, wie Dein Vater und Du eins sind.

Michel Quoist

Ein Wort zum Nachdenken für Dienstleute Gottes

Werdet im Dienste des Reiches Gottes
keine Herren und Herrlein!
Werdet vielmehr Knechte!

Denn auch Christus wurde ein Knecht.
Ich weiß, ihr habt Versuchung,
Herren zu werden.
O, nur keine Herren!
Das steht jedermann übel an, besonders
aber einem Knecht Jesu Christi.
Spaltet Holz! Feget aus!
Waschet einander die Füße.
Wer's am besten kann, der ist der Größte!
Wisset, daß der Heiland
keine Weltstudenten brauchen kann,
Sondern Tagelöhner, Knechte, Lastträger,
die ihn aber liebhaben.
Leute, die schwitzen,
frieren, hungern
und sich eine Lust daraus machen
um seinetwillen.
Es geht in den Feldzug,
da kann man keine Leute brauchen,
welche Kleider schonen.
Seid keine Paraderosse, sondern Zugpferde.

Ludwig Hofacker

JOHANNES VIEBIG

Wem wird geholfen?

Christen sollten immer von neuem darauf aufmerksam werden, daß sie sich zu dem halten, dessen Name »Helfer« bedeutet. Denn Jesus heißt Helfer. Sollten sie nicht von ihm wissen, was helfen kann? Jesus hat Kranke geheilt, Traurige getröstet, Armen Freude gebracht. Er hat die Menschen gesammelt, wie ein Hirte die Schafe. Er hat ihnen das Vertrauen zum Vater im Himmel geschenkt. Jesus braucht aber auch die Menschen, denen er hilft, er braucht sie, daß sie ihm nachfolgen wie die Blinden bei Jericho, er braucht sie, damit sie über ihm Gott preisen, wie der dankbare

Samariter, den er geheilt hatte; er braucht den Mitgekreuzigten, den er getröstet hat, damit er nicht allein ins Paradies kommt. Dazu wird er, der große Helfer, zugleich der Hilfsbedürftige, der hungerte und dürstete, der nichts hatte, wo er sein Haupt hinlegen konnte, der verspottet und verachtet am Kreuz starb. Einerseits sendet er die Seinen hinaus, zu helfen und zu heilen und sich der Menschen anzunehmen, wie sich ein Hirte der Herde annimmt. Aber andererseits sagt er, daß die Menschen das, was sie den Hilfsbedürftigen tun, ihm tun. Er ist hungrig, krank und gefangen in seinen geringsten Brüdern. So ist er zugleich in den Helfenden, die er gesandt hat, und in den Hilfsbedürftigen, denen er sich verbunden hat. Wer den Hilfsbedürftigen hilft, hilft ihm, und wo ein Hilfsbedürftiger Hilfe erfährt, erfährt er sie von ihm. Darum, weil wir Christus brauchen, können wir über dem Helfen erkennen, daß wir einander brauchen. Denn nicht nur der Hilfsbedürftige braucht Hilfe, auch der Helfende braucht den Hilfsbedürftigen. Ja, er muß sich dem Gericht des Hilfsbedürftigen anvertrauen, denn was er ihm getan oder nicht getan, entscheidet endgültig über ihn. So braucht das Kind nicht nur die Eltern, auch die Eltern brauchen das Kind. Nicht nur braucht der Kranke den Arzt, auch der Arzt braucht den Kranken. Der Arme braucht nicht nur den Reichen, auch der Reiche den Armen. Wenn es heißt: Einer achte den anderen höher denn sich selbst, so ist die Wendung zum anderen Menschen, auch zu den Hilfsbedürftigen, nicht eine Wendung nach unten, sondern nach oben, eine Wendung zu Christus. Helfen heißt dann: Mit der Tat bezeugen, daß wir einander brauchen, weil wir Gott brauchen.

*

Immer klarer wurde mir, daß ich nicht das innere Recht habe, meine glückliche Jugend, meine Gesundheit und meine Arbeitskraft als etwas Selbstverständliches hinzunehmen. Wer viel Schönes im Leben erhalten hat, muß entsprechend viel dafür hingeben. Wer von eigenem Leid verschont ist, hat sich berufen zu fühlen, zu helfen, das Leid der anderen zu lindern. Alle müssen wir an der Last von Weh, die auf der Welt liegt, mittragen.

*

So weiß auch keiner von uns, was er wirkt und was er Menschen gibt. Es ist für uns verborgen und soll es bleiben. Manchmal dürfen wir ein klein wenig davon sehen, um nicht mutlos zu werden. Das Wirken der Kraft ist geheimnisvoll.

*

Viel Kälte ist unter den Menschen, weil wir nicht wagen, uns so herzlich zu geben, wie wir sind.

Albert Schweitzer

MAX VON DER GRÜN

Aus: Stellenweise Glatteis

Die Invaliden fanden das Mädchen auf dem Weg.
Das halbnackte Mädchen lag mit dem Gesicht im nassen Laub. Es war die zehnjährige Tochter des Bauunternehmers Schöller aus dem Stadtteil Eving. Der Wald, in dem das Mädchen gefunden wurde, ist ein 300 Hektar großer Mischwald, in ihm gehen die Invaliden, die nichts mehr zu tun haben, spazieren. Täglich zwei Stunden, wenn es das Wetter erlaubt.
Die Invaliden umstanden das tote Mädchen. Heinrich Wittbräucke war auf die Straße gelaufen. Er hielt einen Autofahrer an, der die Polizei verständigte. Zehn Minuten später traf sie ein und drängte die Invaliden zurück.
Heinrich Wittbräucke sagte: Dieses Schwein … so ein Schwein … wenn sie das Schwein finden, der das gemacht hat, dann nicht vor Gericht. Erst Schwanz abschneiden, dann Kopf abhacken.
Die Invaliden blieben abseits stehen, bis die Mordkommission eintraf. Sie husteten aus ihren Betonlungen.
Über Dortmund lag smogartiges Wetter.
Als man das Mädchen des Bauunternehmers Schöller in einem Krankenwagen abtransportiert hatte, gingen die Invaliden in die Kneipe »Zum Gildenhof«. Sie stellten sich an die Theke und bestellten Bier und Schnaps, sie erzählten von ihrer Begegnung, als hätten sie einen Sack Gold gefunden. Am Abend sprachen alle

davon, daß der Italiener Angelo Pinola, Arbeiter in der Drahtzieherei der Hoesch-Werke und ebenfalls Stammgast im Gildenhof, der Mörder sein solle. Angelo Pinola wohnt über den Garagen des Bauunternehmers Schöller mit zwei anderen Italienern in einem Zimmer. Angelo wurde, so erzählten die Leute, mehrfach mit Renate Schöller gesehen. Er hatte oft mit dem Mädchen gespielt und war mit ihm spazierengegangen.
In seiner Freizeit arbeitet Angelo Pinola für den Bauunternehmer Schöller. Er fährt stundenweise einen Lastwagen, transportiert Kies, Sand, Steine. Dieser Nebenverdienst bringt Angelo so viel ein, daß er dem Bauunternehmer Schöller die 150 Mark Miete bezahlen kann und noch ein paar Mark übrigbehält.
Am Abend wurde Angelo Pinola an seinem Arbeitsplatz im Werk verhaftet, und der Gildenwirt ließ keinen Italiener mehr in seine Kneipe. Zu den Gästen sagte er: Wenn ihr so einen Spaghettifresser seht, dann schmeißt ihn die Treppe 'runter. Der Schreiner Wölbert und der Dachdecker Meermann, zwei seiner Stammgäste, stellten sich an den Eingang. Kein Italiener ließ sich an diesem Abend in der Kneipe sehen. Als der Wirt die letzten Gäste entließ, sagte er: Ist doch klar. Der Angelo war es. Wenn er es nicht gewesen wäre, dann hätte sich heute mindestens ein Spaghettifresser sehen lassen.
Etwa so hat man es mir am Sonntagvormittag auf der Straße erzählt. Die Leute wußten, daß ich seit Jahren mit Angelo befreundet bin. Ich ging mittags in die Gildenstube zum Frühschoppen. Ich stellte mich an den Tresen, trank und hörte zu, was die anderen erzählten. Sie wollten meine Meinung hören, und als ich nur mit den Schultern zuckte, sprachen sie nicht mehr mit mir. Der Dachdecker Meermann sagte: Der Maiwald ist auch so einer, der hält zu den Itakern.
Ich trank mein Bier und sah dem Wirt zu, wie er Gläser spülte. Aber als ich Meermann noch einmal sagen hörte: Der Maiwald ist auch so einer, nahm ich mein halbvolles Glas, stellte mich vor ihn und fragte: Was meinst du damit? Er lachte.
Da schüttete ich ihm das Bier ins Gesicht.
Hinter mir sagte jemand: Das war richtig so. Die meisten aber sahen mich feindselig an, der Wirt verschwand in die Küche, wie im-

mer, wenn in der Kneipe Streit aufzog oder wenn es galt, für jemanden Partei zu ergreifen. Meermann wischte sich erst mit dem Handrücken und dann mit einem Taschentuch das Bier aus dem Gesicht und von der Jacke. Er sagte: Ich lass' den Anzug reinigen. Aber die Reinigung bezahlst du.

Vor der Kneipe unterhalb der Treppe begegnete mir Martin Voigt. Martin ist Junggeselle, dreißig Jahre alt. Er betreibt gemeinsam mit seinem Vater einen Biervertrieb. Getränkevertrieb Voigt und Sohn war ein Begriff in unserer Stadt. Martin steht oft mit mir am Tresen und ist an allem interessiert, was mit Sport zu tun hat.

Karl, den Angelo hat die Polizei wieder laufen lassen. Er war es nicht. Das steht fest, er hat ein Alibi, er war in der Fabrik, als es passierte. Sagt der Arzt, Todeszeit und so.

Wer war es denn? fragte ich.

Weiß ich auch nicht. Angelo jedenfalls hat ein einwandfreies Alibi.

*

Ich war richtig froh, als es an der Tür läutete. Ich öffnete, vor mir stand der pensionierte Landgerichtsrat Burrmeister. Er hielt eine blaue Mappe in seinen Händen und sagte: Guten Abend. Darf ich für einen Augenblick 'reinkommen?

Bitte.

Ich führte ihn ins Wohnzimmer und bot ihm Platz an. Was er wohl will, dachte ich, ich kannte ihn nur vom Sehen, wir grüßten uns nur mit Nicken des Kopfes, wenn wir uns begegneten.

Herr Maiwald, wahrscheinlich haben Sie schon gehört, wir führen in unserem Vorort eine Unterschriftenaktion durch...

Wer ist wir? fragte ich.

Die Bürgerinitiative.

Um was geht's denn?

Herr Maiwald, Sie haben wirklich noch nichts gehört?

Karin kam ins Zimmer und blieb hinter mir stehen.

Auf dem leeren Grundstück an der Autobahn sollen drei Baracken gebaut werden. Das Grundstück hat mal dem Holtkamp gehört, hat er an die Stadt verkauft...

Baracken? Nein, davon habe ich noch nichts gehört.

In die Baracken sollen dreihundert Türken. Wir sind dagegen.

Nicht, daß Sie denken, ich hätte was gegen Türken, da gibt es auch solche und solche... aber die haben nun mal einen anderen Lebensstil, eine andere Religion... und kurz und gut, die sind nun mal anders als wir, deshalb...
Anders? fragte Karin. Wie denn anders?
Burrmeister reichte mir die Mappe über den Tisch. Ich las einige Namen. Borgmann fand ich, seine Frau, Beuster und Frau, der Dachdecker Meermann, Frauenarzt Gerling, auch Leute aus unserem Haus hatten ihre Namen auf die Liste gesetzt.
Irgendwo müssen die Leute doch bleiben, sagte Karin.
Ich kann das nicht unterschreiben, Herr Burrmeister, tut mir leid, sagte ich und reichte ihm die blaue Mappe, bei den Türken sind vielleicht welche, mit denen ich täglich im Betrieb auskommen muß.
Tut mir leid. Herr Maiwald, nicht daß Sie mich mißverstehen.
Ich weiß, Herr Landgerichtsrat, sagte Karin plötzlich, vor einigen Jahren war es auch ein Mißverständnis, daß die Leute auf der Waldseite eine Bürgerinitiative gründeten, damit diese Mietshäuser hier nicht gebaut werden sollten.
Fräulein Maiwald, ich war damals immer dagegen, ich habe immer zu unseren Leuten gesagt, in die Mietshäuser kommen Arbeiter, und Arbeiter sind anständige Leute. Da können Sie alle danach fragen, das habe ich gesagt.
Ich stand auf. Karin ging auf ihr Zimmer.
Tut mir leid, Herr Burrmeister, sagte ich, aber das kann ich nicht unterschreiben, das müssen Sie verstehen. Was würden Sie sagen, wenn ich eine Bürgerinitiative gründen würde, daß hier alle Katholischen wegziehen, weil die eine andere Lebensart haben wie die Evangelischen, was würden Sie sagen. Bitte.
Aber Herr Maiwald, das ist doch kein Vergleich, Sie...
Ich könnte ihnen jetzt andere Vergleiche sagen, aber was soll das, ich kann das nicht unterschreiben.
Ich begleitete ihn bis zur Treppe.
Er sagte: Das ist unklug von Ihnen, Herr Maiwald, das könnte Ihnen noch einmal leid tun, es ist nie gut, wenn man sich in solchen Sachen ausschließt, da muß man zusammenhalten.
Das lassen Sie nur meine Sorge sein, Herr Burrmeister. Auf Wiedersehen.

II

Verantwortung für andere

Ich gestehe,
daß meine Augen manchmal
den Himmel absuchen nach Botschaften
(Kommt das Frühjahr bald ...? oder, weitergehend:
Wieso bin ich hier, was bedeutet das alles?).
Aber immer und sehr bald kehren sie zurück.
Wenn ich die Reihe der Männer sehe,
vor der Scott Mission auf Essen wartend,
verzichte ich auf Ausflüge ins Blau
oder zum Monde
oder in mich selbst.
Hier ist noch sehr viel zu tun.

Walter Bauer

Man sieht nur mit dem Herzen gut.
Das Wesentliche ist für die Augen unsichtbar.

Antoine de Saint-Exupéry

ALBERT SCHWEITZER

Mein Wort an die Menschen

Ich rufe die Menschheit auf zur Ethik der Ehrfurcht vor dem Leben. Diese Ethik macht keinen Unterschied zwischen wertvollerem und weniger wertvollem, höherem und niederem Leben. Sie lehnt eine solche Unterscheidung ab. Denn der Versuch, allgemeingültige Wertunterschiede zwischen den Lebewesen anzunehmen, läuft im Grunde darauf hinaus, sie danach zu beurteilen, ob sie uns Menschen nach unserem Empfinden näher oder ferner zu stehen scheinen. Das aber ist ein ganz subjektiver Maßstab. Wer von uns weiß denn, welche Bedeutung das andere Lebewesen an sich und im Weltganzen hat? Die Konsequenz dieser Unterscheidung ist dann die Ansicht, daß es wertloses Leben gebe, dessen Vernichtung oder Beeinträchtigung erlaubt sei. Je nach den Umständen werden dann unter wertlosem Leben Insekten oder primitive Völker verstanden.

Die unmittelbare Tatsache im Bewußtsein des Menschen lautet: »Ich bin Leben, das leben will, inmitten von Leben, das leben will.« Diese allgemeine Bejahung des Lebens ist eine geistige Tat, in der der Mensch aufhört dahinzuleben, in der er vielmehr anfängt, sich seinem Leben mit Ehrfurcht hinzugeben, um ihm seinen wahren Wert zu geben. Der auf diese Weise denkend gewordene Mensch erlebt zugleich die Notwendigkeit, allem Willen zum Leben die gleiche Ehrfurcht vor dem Leben entgegenzubringen wie dem eigenen. So erlebt er das andere Leben in dem seinen. Als gut gilt ihm alsdann: Leben zu erhalten und zu fördern, entwickelbares Leben auf seinen höchsten Wert zu bringen. Als böse gilt ihm nun: Leben schädigen oder vernichten, entwickelbares Leben in der Entwicklung hindern. Dies ist das absolute und denknotwendige Grundprinzip des Sittlichen. Durch die Ethik der Ehrfurcht vor dem Leben kommen wir in ein geistiges Verhältnis zur Welt.

In meinem Leben habe ich immer versucht, in meinem Denken und Empfinden jugendlich zu bleiben, und habe stets von neuem mit den Tatsachen und meiner Erfahrung um den Glauben an das Gute und Wahre gerungen. In dieser Zeit, in der Gewalttätigkeit sich hinter der Lüge verbirgt und so unheimlich wie noch nie die Welt beherrscht, bleibe ich dennoch davon überzeugt, daß Wahrheit, Friedfertigkeit und Liebe, Sanftmut und Gütigkeit die Gewalt sind, die über aller Gewalt ist. Ihnen wird die Welt gehören, wenn nur genug Menschen die Gedanken der Liebe und der Wahrheit, der Sanftmut und der Friedfertigkeit rein und stetig genug denken und leben.

Alle gewöhnliche Gewalt in dieser Welt schafft sich selber eine Grenze, denn sie erzeugt eine Gegengewalt, die ihr früher oder später ebenbürtig oder überlegen sein wird. Die Gütigkeit aber wirkt einfach und stetig. Sie erzeugt keine Spannungen, durch die sie sich selbst aufhebt, sondern sie entspannt die bestehenden Spannungen, sie beseitigt Mißtrauen und Mißverständnisse. Indem sie Gütigkeit weckt, verstärkt sie sich selber. Deshalb ist sie die zweckmäßigste und intensivste Kraft. Was ein Mensch an Gütigkeit in die Welt hinausgibt, das arbeitet an den Herzen der Menschen und an ihrem Denken. Unsere törichte Schuld ist, daß wir nicht ernst zu machen wagen mit der Gütigkeit. Wir wollen immer wieder die große Last wälzen, ohne uns dieses Hebels zu bedienen, der unsere Kraft verhundertfachen kann. Eine unermeßlich tiefe Wahrheit liegt in dem Worte Jesu: »Selig sind die Sanftmütigen, denn sie werden das Erdreich besitzen.«

Die Ehrfurcht vor dem Leben gebietet uns, den hilfsbedürftigen Völkern in aller Welt Hilfe zu bringen. Den Kampf gegen die Krankheiten, von denen diese Völker bedrängt sind, hat man fast überall zu spät begonnen. Letzten Endes ist alles, was wir den Völkern der früheren Kolonien Gutes erweisen, nicht Wohltat, sondern es ist unsere Sühne für das Leid, das wir Weißen von dem Tage an über sie gebracht haben, da unsere Schiffe den Weg zu ihren Gestaden fanden. Es muß dahin kommen, daß Weiß und Farbig sich in ethischem Geist begegnen. Dann erst wird eine echte Verständigung möglich sein. An der Schaffung dieses Geistes zu arbeiten heißt zukunftsreiche Politik treiben.

Wer durch menschliche Hilfe aus schwerer Not oder Krankheit gerettet wurde, der soll mithelfen, daß die, die heute in Not sind, einen Helfer bekommen, wie er einen hatte. Dies ist die Bruderschaft der vom Schmerz Gezeichneten. Ihr obliegt das menschliche und ärztliche Humanitätswerk bei allen Völkern. Aus den Gaben der Dankbarkeit soll dieses Werk getan werden. Ich will glauben, daß sich genug Menschen finden werden, die sich zu Opfern der Dankbarkeit erbitten lassen werden für die, die jetzt in Not sind.

Die Not aber, in der wir bis heute leben, ist die Gefährdung des Friedens. Zur Zeit haben wir die Wahl zwischen zwei Risiken. Das eine besteht in der Fortsetzung des unsinnigen Wettrüstens in Atomwaffen und der damit gegebenen Gefahr des Atomkrieges, das andere im Verzicht auf Atomwaffen und in dem Hoffen, daß Amerika, die Sowjetunion und die mit ihnen in Verbindung ste-

henden Völker es fertigbringen werden, in Verträglichkeit und Frieden nebeneinander zu leben. Das erste Risiko enthält keine Möglichkeit einer gedeihlichen Zukunft. Das zweite tut es. Wir müssen das zweite wagen.
Die Theorie, man könnte den Frieden dadurch erhalten, daß man den Gegner durch atomare Aufrüstung abschreckt, kann für die heutige Zeit mit ihrer so gesteigerten Kriegsgefahr nicht mehr in Betracht gezogen werden. Das Ziel, auf das von jetzt bis in alle Zukunft der Blick gerichtet bleiben muß, ist, daß völkerentzweiende Fragen nicht mehr durch Kriege entschieden werden können. Die Entscheidung muß friedlich gefunden werden.
Ich bekenne mich zu der Überzeugung, daß wir das Problem des Friedens nur dann lösen werden, wenn wir den Krieg aus einem ethischen Grund verwerfen, nämlich weil er uns der Unmenschlichkeit schuldig werden läßt. Ich habe die Gewißheit, daß der Geist in unserer Zeit ethische Gesinnung zu schaffen vermag. Deshalb verkünde ich diese Wahrheit in der Hoffnung, daß sie nicht als eine Wahrheit beiseite gelegt werde, die sich in Worten gut ausnimmt, für die Wirklichkeit aber nicht in Betracht kommt.
Mögen die, welche die Geschicke der Völker in Händen haben, darauf bedacht sein, alles zu vermeiden, was die Lage, in der wir uns befinden, noch schwieriger und gefahrvoller gestalten könnte. Mögen sie das wunderbare Wort des Apostels Paulus beherzigen: »Soviel an euch liegt, habt mit allen Menschen Frieden!« Es gilt nicht nur den einzelnen, sondern auch den Völkern. Mögen sie im Bemühen um die Erhaltung des Friedens miteinander bis an die äußerste Grenze des Möglichen gehen, damit dem Geiste der Menschlichkeit und der Ehrfurcht vor allem Leben zum Erstarken und zum Wirken Zeit gegeben werde.

Spender des Lebens,
gib mir Kraft,
daß ich meine Arbeit mit Überlegung tue,
getreu dem Ziel,
das Leben jener zu hüten,
die meiner Versorgung anvertraut sind.

Halte rein meine Lippen
von verletzenden Worten,
gib mir klare Augen,
das Gute der andern zu sehen.
Gib mir sanfte Hände,
ein gütiges Herz und eine geduldige Seele.
Daß durch deine Gnaden Schmerzen gelindert werden,
kranke Körper heilen,
Gemüter gestärkt werden,
der Lebenswille wieder wachse.
Hilf, daß ich niemandem
durch Unwissenheit und Nachlässigkeit schade.
Für jene, die gebeugt sind von Kummer und Weh,
von Angst und Schmerz,
gib Kraft zum Durchhalten.
Schenk mir, o Gott,
deinen Segen zu meiner Aufgabe.

Florence Nightingale

Wir kennen die Sonnensysteme
und rechnen in Lichtjahren nur,
jedoch die Wege zum Bruder
sind immer noch bar jeder Spur.
Wir kennen die Sprache der Tiere
und wissen um ihren Instinkt,
jedoch unsren Bruder verstehen,
ist das, was uns selten gelingt.
Wir können uns heut alles kaufen,
wir leben in Reichtum und Glanz,
jedoch unserm Bruder zu helfen,
reicht plötzlich das Geld nicht mehr ganz.
Wir können Atome zerspalten
und staunen, was Menschengeist schafft,
jedoch unsern Bruder zu lieben,
geht immer noch über die Kraft.

Kurt Rommel

Dankbarkeit ist Denken an ... und Verantwortung

Ich habe gute Arznei	– Danke –	aber in Peru fehlt Impfstoff
Ich hole den Arzt	– Danke –	aber in Indonesien gibt es nur einen Arzt auf 41000 Einwohner (BRD 650)
Ich bringe meine Mutter in ein modernes Krankenhaus	– Danke –	aber in Pakistan gibt es nur ein Krankenbett auf 5600 Einwohner (BRD 100)
Wir haben die Pille	– Danke –	aber die Frau in Brasilien hat Angst, daß das 6. Kind kommt
Mein Vater ist schon über 70 Jahre	– Danke –	aber in Gabun ist die Lebenserwartung nur 32 Jahre
Wir haben Lohn- und Gehaltserhöhung	– Danke –	aber in Äthiopien ist das durchschnittliche Jahreseinkommen 183,– Mark
Ich habe schönes Kinderspielzeug	– Danke –	aber der Arbeiter in Hongkong erhält einen Spottlohn
Ich werde als vollwertiges Glied unserer Gesellschaft anerkannt	– Danke –	aber der schwarze Minenarbeiter in Südafrika ist ein Mensch 2. Klasse!
Ich esse Brot	– Danke –	unter welchen Bedingungen arbeitet der Bäcker bei der Genossenschaft während der Nachtschicht?
Ich kaufe schöne Landeier	– Danke –	steht die Gewinnspanne des Zwischenhändlers im rechten Verhältnis zu der des Bauern?

Ich trage ein Nyltesthemd	– Danke –	bekommt der Chemiearbeiter Gefahrenzulage beim Umgang mit giftigen Grundstoffen?
Ein Lehrling repariert mein Auto	– Danke –	erhält er eine gute Ausbildung, oder ist er nur billige Arbeitskraft?

Arbeitskreis Evangelischer Arbeitnehmer Karlsruhe
(Pfarrer Wietershofer)

III

Reichwerden durch Geben

BRÜDER GRIMM

Das Märchen vom Sterntaler

Es war einmal ein kleines Mädchen, dem waren Vater und Mutter gestorben, und es war so arm, daß es kein Kämmerchen mehr hatte, darin zu wohnen, und kein Bettchen mehr, darin zu schlafen, und endlich gar nichts mehr als die Kleider auf dem Leib und ein Stückchen Brot in der Hand, das ihm ein mitleidiges Herz geschenkt hatte. Es war aber gut und fromm. Und weil es so von aller Welt verlassen war, ging es im Vertrauen auf den lieben Gott hinaus ins Feld. Da begegnete ihm ein armer Mann, der sprach: »Ach, gib mir etwas zu essen, ich bin so hungrig.« Es reichte ihm das ganze Stückchen Brot und sagte: »Gott segne dir's«, und ging weiter. Da kam ein Kind, das jammerte und sprach: »Es friert mich so an meinem Kopfe, schenk mir etwas, womit ich ihn bedecken kann.« Da tat es seine Mütze ab und gab sie ihm. Und als es noch eine Weile gegangen war, kam wieder ein Kind und hatte kein Leibchen an und fror; da gab es ihm seins; und noch weiter, da bat eins um ein Röcklein, das gab es auch von sich hin. Endlich gelangte es in einen Wald, und es war schon dunkel geworden, da kam noch eins und bat um ein Hemdlein, und das fromme Mädchen dachte: ›Es ist dunkle Nacht, da sieht dich niemand, du kannst wohl dein Hemd weggeben‹, und zog das Hemd ab und gab es auch noch hin. Und wie es so stand und gar nichts mehr hatte, fielen auf einmal die Sterne vom Himmel, und waren lauter harte blanke Taler: und ob es gleich sein Hemdlein weggegeben, so hatte es ein neues an, und das war vom allerfeinsten Linnen. Da sammelte es sich die Taler hinein und war reich für sein Lebtag.

ERNESTO CARDENAL

Armut

Adam im Paradies war nackt. Also ist die Armut der eigentliche paradiesische Zustand. Adam war arm wie die Tiere, wie der heilige Franz von Assisi und wie Christus.

Nach dem Sündenfall konnte der Mensch nicht mehr nackt sein, die Kutte der Mönche jedoch ist der paradiesischen Nacktheit am ähnlichsten.

Armut ist auch Wahrheit, während Reichtum alle Arten von Verkleidung bedeuten kann. Wir kleiden uns mit Äußerlichkeiten, um die Nacktheit unserer Seele zu vertuschen. Falschheit und Reichtum sind Synonyme.

Reichtum ist Verfälschung der Dinge. Ein reichgeschmücktes Kleid, ein teures Haus sind eine Verfälschung der ursprünglichen Echtheit der Materialien, eine Auskleidung der natürlichen Einfachheit der Dinge, ein Betrug.

In der Armut liegt ein Glanz verborgen, der Glanz des Authentischen. Ein Gegenstand des Reichtums ist immer unrealer als ein armer. Darum sagte Henry David Thoreau, daß es wichtig für einen Menschen sei, mit einer geflickten Hose auf die Straße gehen zu können. Dieser Glanz der armen Dinge – aus Ton, aus Stroh, aus grobem Leinen, aus ungemaltem Holz; das Grobe, das Rauhe, das Ungehobelte, das Rustikale – ist der Glanz der nackten Materie, ist wie das Leuchten eines nackten Körpers.

Es ist das gleiche Leuchten wie in einem wirklichen Kunstwerk, seiner Struktur und seiner Farben.

Wenn der Mensch seine Unschuld nicht verloren hätte, würde er weiterhin nackt herumlaufen. Darum waren der einzige Besitz des heiligen Franz eine Unterhose, ein Sack und ein Strick (und selbst von diesen trennte er sich zuweilen).

Die Falschheit des Reichtums besteht darin, daß wir das, was wir *haben,* mit dem verwechseln, was wir *sind.* Wir denken, wir wären mehr, wenn wir mehr haben. Wir kaufen einen schicken Wagen und denken, dieser Wagen wäre nun ein Teil unserer selbst, wie ein weiteres Glied unseres Körpers. Darum sagte der heilige

Augustinus, sich vom Reichtum zu trennen sei so schwer wie sich von einem Glied seines Körpers zu trennen. Wenn die anderen unseren Wagen bewundern, fühlen wir uns, als ob sie uns selbst bewunderten. Wir betrachten die Dinge, die uns gehören, als ob sie ein Teil unserer selbst wären, wie eine Schnecke, die ein Haus mit sich herumschleppt, das nicht ihr eigenes ist. Und darum ist Besitz eine Verfälschung unserer selbst.

Der Reiche denkt, was er besitze, sei er selbst. Er prahlt damit, um bewundert zu werden, als ob der Besitz die Person wäre. Reichtum ist auch Täuschung. Die Leute, die sich einbilden, ein Stückchen Erde dieses Planeten durch irgendeine Urkunde besitzen zu können, sind genauso verrückt wie eine gewisse Sorte Amerikaner, die schon heute Grundstücke auf dem Mond erwerben, die ihnen irgendeine extravagante und geschäftstüchtige Agentur verkauft. Einen Wald oder eine Wiese besitzen die Vögel und die Tiere, die sich daran erfreuen oder auch das Liebespaar, das darin spazierengeht, oder der Einsiedler, der da lebt, aber auf keinen Fall einer, der nur eine Besitzurkunde darüber hat.

Wir alle besitzen die ganze Natur, den Sternenhimmel und die Erde mitsamt allen ihren Landschaften. Sobald wir aber unser Besitzergefühl auf ein paar Hektar Land beschränken, gehört uns von alledem nichts mehr. Nur wenn wir arm sind, können wir die Welt unser eigen nennen, wie die Vögel den Himmel ihr eigen nennen und die Fische das Wasser und der heilige Franz alle irdischen Dinge. Darum nannte der heilige Franz die Armut einen großen Schatz (»wir sind nicht würdig eines so großen Schatzes«), und er nannte es einen großen Luxus, an einem großen schönen Stein zu essen, neben einer frischen Quelle unter dem blauen Himmel, während die armen Reichen nur einen Speisesaal reduzierten Ausmaßes hätten.

Gott ist der Herr der ganzen Welt, und wir als Seine Söhne sind auch Eigentümer des Reichtums der ganzen Welt. Wir sind von unermeßlichem Reichtum umgeben und brauchen nur die Hand auszustrecken, um von allem zu nehmen. Eine Handvoll Wasser, das mir zwischen den Fingern zerrinnt, ist nicht weniger wertvoll als eine Handvoll Diamanten. Ein goldener Fisch in der Lagune, ein Fröschlein, grün wie Jade, ein Kieselstein oder ein trockenes Stück

Holz, das auf dem Wasser schwimmt, alles das sind Schätze, auch wenn sie keinen festen Preis an der Börse haben.
Christliche Armut heißt nicht, wenig besitzen, sondern überhaupt nichts besitzen, um alles sein eigen nennen zu können. Der Mönch beschränkt sich nicht auf den legalen Besitz einiger weniger Dinge; ihm gehören Luft und Sonne, Erde, Himmel und Meer.
Die Armut ist auch die Tugend der Heiligen Dreifaltigkeit, denn das Leben in Gott ist Mitteilung, und jede einzelne der drei göttlichen Personen gibt sich ganz den beiden anderen; es gibt kein »mein« und »dein« zwischen ihnen, wohl aber ein »ich« und ein »du«.
Die Täuschung, die im Reichtum liegt, besteht darin, zu glauben, materielle Dinge könnten von etwas Geistigem, wie es die Seele ist, besessen werden. Es gab hier in Nicaragua einen Diktator, der nie müde wurde, immer mehr und mehr Land zu erwerben, und der doch nie genug hatte, weil ihm das Land trotz aller Überschreibungsurkunden so fremd blieb wie zuvor. Soviel er auch an sich brachte, blieb er doch arm. Die grünen Felder mit ihren Kühen und Bäumen und Bächen, die sie durchflossen, blieben genauso unberührt von ihm wie zuvor. Er besaß die Urkunden über das Land, aber das Land gehörte ihm nicht. Es gehörte dem, der sich im Vorübergehen an der Landschaft erfreute oder in den Flüssen fischte. Wer sich daran erfreute, ohne mehr zu wollen, der hatte das Land im tieferen Sinn besessen als der, dem die Urkunden gehörten. Nur unbegierig, nur losgelöst von allem, können wir alles besitzen. Darum sagt Paulus: »Wer hat, sei wie der, der nicht hat, und wer kauft wie der, der nicht kauft, und wer heiratet wie der, der nicht heiratet.«

Wer ist gemeint?

Als ich hungrig war,
gabt ihr mir zu essen,
als ich durstig war,
gabt ihr mir zu trinken,

als ich ohne Heim war,
habt ihr die Türen aufgetan,
als ich nackt war,
gabt ihr mir euren Mantel,
als ich müde war,
halft ihr mir Ruhe zu finden,
als ich voll Angst war,
habt ihr meine Furcht besänftigt,
als ich klein war,
lehrtet ihr mich lesen,
als ich allein war,
schenktet ihr mir Liebe,
als ich im Gefängnis war,
kamt ihr mich besuchen,
als ich krank lag,
habt ihr mich gepflegt,
als ich ein Fremder im Lande war,
gabt ihr mir ein Heim,
als ich Arbeit suchte,
fandet ihr mir einen Job,
als ich alt war,
versuchtet ihr, mir zuzulächeln.
Ihr saht mich bedeckt
mit Speichel und Blut,
erkanntet meine Züge
auch unter strömendem Schweiß:
wenn ich verspottet wurde,
standet ihr mir zur Seite,
und wenn ich glücklich war,
teiltet ihr meine Freude.
Was ihr auch immer dem Geringsten
meiner Brüder getan habt,
das habt ihr mir getan.
Geht ein in meines Vaters Haus.

Gebet der Mutter Teresa

EDUARD SPRANGER

Reichtum und Nöte des Schwesternberufes

Ich war ein Junge von neun Jahren und hatte Diphtheritis, als ich zum erstenmal eine Krankenschwester kennenlernte. Und ich erinnere mich genau, daß ich gedacht habe, sie müßte nun für alle Zeiten in unserer Familie bleiben, mindestens würde ich immer an sie schreiben. Sie erschien mir als ein höheres Wesen. Und so ist es eigentlich bis heute geblieben.

Heute weiß ich freilich ebensogut: auch Schwestern sind menschliche Wesen, sie haben auch ihre Eigenseele, und die ist manchmal voll von Nöten. Auch sie brauchen dann menschliche Hilfe, besonders wohl die jungen Schwestern. Im Volksmund heißt der Schwesternberuf der schönste Beruf der Frau. Das ist manchmal ein bißchen gedankenlos gesagt. Wieviel Schweres liegt oft hinter der Wahl! Ebenso oberflächlich scheint mir die Rede, der Beruf sei deshalb so schön, weil er ganz selbstlos ist. Denn ein Mensch ohne Selbst ist eigentlich gar kein Mensch.

Sofern man den Beruf der Krankenpflegerin von der Seite her betrachtet, daß er ein gebender, ein hingebender Beruf ist, gilt die allgemeine Regel: Was man nicht hat, kann man nicht geben. Soll ich von meiner Seele etwas abgeben, so muß ich eine eigene Seele haben. Nicht einmal hundert Mark kann ich ausleihen, wenn ich sie nicht habe. Aber einen anderen Satz kann man als allgemeine Lebenserfahrung aufstellen im Hinblick auf die Gewinnung und Bewahrung des Selbst. Es gibt keinen andern Weg, ganz zu sich selbst zu kommen, als den, daß man einmal ganz von sich losgekommen ist. Nur durch vorübergehenden Selbstverzicht gelangt man ganz zur Selbsterfüllung, zur Wesenserfüllung...

Kein Zweifel, daß die ungewöhnliche heitere Glaubenskraft der katholischen Ordensschwestern sich auch im Krankenpflegerinnenberuf aufs stärkste und schönste auswirkt. Auf der anderen Seite aber stehen nun diejenigen, die zunächst von außen hineingekommen sind, entweder, weil es doch irgendein Beruf sein mußte, oder weil die Eltern es gewünscht hatten, oder weil man es sich als schön vorgestellt hat. Es ist kein Vorwurf, wenn ich sage, die zweite Gruppe wird an der Aufgabe langsam reifen müssen. Und was verlangt denn die Aufgabe? Nicht bloß Durchführung der Anordnungen des Arztes, nicht nur Sorge für Bettung und Ernährung. Betrachten wir es so: Die übliche Einteilung der Berufe unterscheidet handarbeitende Berufe und geistige Berufe. Der Beruf der Schwester fällt in die wenig bekannte Mitte zwischen beiden, er ist ein seelischer Beruf. Und was in ihm die Hand zu tun hat, das kann nur eine fein beseelte Hand leisten. Er stellt starke Anforderungen an die Leistungskraft. Man ist am Abend oder am Morgen müde, aber man darf nicht seelisch müde werden, sonst kann man eben nicht mehr abgeben. Das ist nun leicht gesagt, aber schwer bewirkt, denn es besteht da oft ein Hemmnis. Ich nenne es die Geteiltheit der Seele, im Gegensatz zu der in sich gesammelten Seele.

Die Geteiltheit der Seele ist unter den heutigen Verhältnissen selten zu vermeiden, aus vielen Gründen. Nämlich: die Krankenschwester ist vielleicht selbst in Not, es fehlt ihr die schützende Geborgenheit. Wie oft ist die Familie zerrissen und in schwerste Trauer versetzt, wie oft fehlt die Heimat und ebenso oft auch nur eine Wohnung! Ernährungssorgen stehen im Hintergrund, es bedrängt die Sorge für Eltern und Geschwister, die ja doch dem Herzen noch näherstehen als die Kranken. Es mag auch dadurch eine geteilte Seelenlage kommen, weil vielleicht das ganze Herz zu dem einen Menschen geht, für den man innerlich bestimmt ist. Das kann sehr stören, es kann auch beflügeln, wenn man die Kranken als Gleichnisse für alle Liebeswerke nimmt, deren man sich fähig fühlt. Die heutige Welt ist ohne Gedankenkonzentration, noch viel mehr ohne seelische Konzentration. Das allgemeine Streben, sich selber loszuwerden, statt sich selber zu besitzen, hat um sich gegriffen. Und es ist kein einzelner daran schuld, sondern das ist der Stil unserer gegenwärtigen Existenz.

Für die leichteren Fälle geteilter Seelenlage möchte ich einen Kunstgriff verraten. Ein alter Mann darf ja vielleicht auch einmal von sich selbst sprechen. Ich habe das vielfältige Einzelne, das ich zu tun hatte, immer so getan, als ob gerade das, was ich eben vorhatte, der Mittelpunkt der Welt wäre. Wenn es sich um eine Vorlesung handelte, so gab es bei der Vorbereitung nichts anderes als

dies. Und wenn ich einen Brief von Belang zu schreiben hatte, so war ich *ganz* dabei. Und wenn ich eine Konferenz hatte, so beschäftigte mich nur der Gedanke an diese Gegenstände.
Aber ich leugne nicht, es bleibt bei dieser Art von Verhalten eine andere Gefahr, die Gefahr nämlich, daß man sich seelisch einmal ganz ausgegeben haben könnte. Und dann fühlt man sich arm, leer, geradezu stumpf. Dem ist nur vorzubeugen, wenn man entweder dauernde, unerschöpfliche Reserven besitzt oder immer neu fließende Quellen der Seelenkraft hat. Unter dem ersten kann nichts anderes gemeint sein als die religiösen Glaubenskräfte. Ich möchte nicht, daß man diese Bezeichnung leicht nähme; denn um eine innere religiöse Überzeugung muß jeder Mensch sehr tief gerungen haben. Jedoch auch sie allein würde für das tägliche Werk nicht ausreichen; es bedarf auch der tiefste Quell immer neuer weltbezogener Auffrischung.
Und so wünschte ich, daß der Krankenschwester in ihrem schweren Berufe doch gegeben wäre immer ein Kreis von eigenen lieben Menschen oder die Begegnung mit der Natur oder die Musik oder die Freundschaft. Dies zu gewähren, dies zu beschaffen, das ist die Aufgabe gerade der Mutterhäuser, denn sie sind nicht nur sogenannte Erholungsheime, damit man die Last wieder tragen könne. Sie sollen auch sein eine Heimat des Herzens, in der man sich geborgen fühlt und von innen heraus wieder aufblühen kann.
Was nun durch diese Reserven und diese Quellen lebendig erhalten werden soll, das ist die Liebe zum Menschen, zum Menschen auch dann, wenn er leidet, ja gerade weil er leidet. Wer da liebt, ist immer reich. Und hier waltet das Paradoxe: Je mehr man ausgibt, um so reicher wird man.--
Der Ort, an dem die Schwester steht, ist ein Ort, von dem aus man das ganze menschliche Leben mitleben kann. Es ist ja bekanntlich eine natürliche Sehnsucht der Jugend, das ganze Leben mitzuleben, wenn auch nur in der abgeblaßten Form des Theaters. Man strebt, wie ich es ausdrücken möchte, nach Ersatz auch für das ungelebte Leben. Niemand hat so viel Möglichkeiten, das Leben anderer aus der Nähe kennenzulernen, wie die Krankenpflegerin, denn die Patienten in ihrer besinnlicheren Situation haben oft das Bedürfnis, nicht nur von ihren Schmerzen zu reden, sondern von

ihrem Leben überhaupt, in Rückblick und Ausblick, unter dem Drange der Sorge, die jeder Patient hat. Man soll nicht sagen, daß dies nicht zur Sache gehört; vielmehr es muß immer jemand da sein, der diesen für den Kranken fruchtbaren Moment auch wirklich fruchtbar zu machen versteht. Es muß also, so knapp die Zeit ist, doch immer etwas zur Verfügung stehen für das Anhören-Können.

Wie selten in der ganzen Welt ist diese Gabe geworden, zuhören zu können, wenn der andere von sich selber und von seiner inneren Bedrängnis redet! Die Schwester muß und kann mitfühlen nicht nur den objektiven Krankheitsbefund, sondern das, was in der Seele des Patienten vorgeht. Der will ein bißchen von seiner Last abwälzen, und vielleicht hat er niemand sonst als gerade die Schwester an seinem Bett, zu der er reden kann. Die Erleichterung, die er dadurch empfängt, ist kein geringer Faktor auch für seine Genesung. So ist es schon, wenn Aussicht auf Besserung besteht. Anders und viel schwerer in der Grenz-Situation, also im Angesicht des unvermeidbaren Todes. Die Schwester muß mitgehen bis an diese Grenze. Und dabei sieht sie das menschliche Leben erst in seiner Wahrheit, denn der Tod, das vergessen wir oft, gehört zu jedem Leben.

»In der Welt habt Ihr Angst; fürchtet Euch nicht, ich habe die Welt überwunden.« Dies zu verstehen, dies jemandem, der es nicht verstanden hat, mit der fühlenden Seele einer Frau nahezubringen, das ist eigentlich der Gipfel im Tun der Krankenschwester. Und darin allein besteht schon ein Reichtum, das zu können. Dies ist nun freilich eine große Tiefe. Aber aus der Tiefe heraus zu leben, das allein macht reich und auch seelisch stark.

Von diesem Starksein noch ein Wort im Gedenken an die Leistungen der Rot-Kreuz-Schwestern im Kriege. Beide Seiten haben ihre eigentümliche Aristie, das griechische Wort bedeutet Bewährung oder Mut. Der Soldat und die Krankenschwester, beide müssen eine ungewöhnliche Tapferkeit beweisen. Neben die Tapferkeit des kriegerischen Mutes tritt die Tapferkeit des Mitleidens. Dieses zweite hat der mittelalterliche Ritter Parzival hinzulernen müssen, ehe er ganzer Mensch wurde in der Gestalt des christlichen Ritters. Das Tapferwerden des menschlichen Herzens ist immer ein

Demütigerwerden; denn es sind die Begegnungen mit Gott in unseren Schicksalsstunden, die uns eigentlich erst die Kraft geben, durchzuhalten. Es wird also der Krankenschwester ein doppelter Ertrag zuteil: Kraft und Demut. Kein Mensch vollendet sich, wenn er nicht zu diesen beiden Äußerungen seines Wesens gelangt ist. Und nun glaube ich, die Voraussetzungen ausgeführt zu haben, die nötig sind, um zu verstehen, welche Art von Liebesfähigkeit eigentlich gemeint ist, wenn man von der Schwester Liebe fordert. Auch davon wird ja oft sehr oberflächlich geredet. Die deutsche Sprache benennt höchst verschiedene Seelenregungen als Liebe; vermutlich nicht aus Fahrlässigkeit oder Gleichgültigkeit, sondern weil alle näher oder ferner aus der gleichen einen, göttlichen Quelle herkommen. Die Liebe ist gestaltenreich, weil sie eben aus der Fülle kommt. Es gibt mütterliche Liebe, es gibt bräutliche Liebe, es gibt Gattenliebe, und jede hat, wenn hier ein Bild erlaubt ist, ihre eigentümliche Musikalität, jede ist auf einen anderen Ton gestimmt. Es gibt auch so etwas wie allgemeine Menschenliebe. Eigentlich lieben kann ich aber nur wenige, gerade die, die mich angehen. Das Neue Testament nennt den Menschen, der mich angeht, deshalb, weil er mich angeht, meinen Nächsten. Der Mensch, der leidet, ist immer mein Nächster. Denn er bedarf der Hilfe, worunter nicht nur die leibliche Hilfe zu verstehen ist.

Der Kranke in der Situation der Lebenshemmung bedarf der Hände, die ihn tragen, noch mehr der Herzen, die ihn auf dem Herzen tragen. Er ist deshalb den Frauen anvertraut, denn sie wissen, daß es dasselbe leidvolle und lustvolle Leben ist, das durch uns alle hindurchzieht, dieser kostbare Schatz, der rein und hell erhalten werden soll! Die Frau *spürt* das heilige Leben schon in der Pflanze und im Tier. Sie *versteht* es nur als Mensch, der an allem Menschlichen mit der Kraft der eigenen Seelenregungen teilnimmt. Dies zu dürfen, ist ein Reichtum, den die Gottheit nur der Frau geschenkt hat, vor allem aber der pflegenden Frau. Dieser Reichtum vermehrt sich mit den Jahren, wenn der Blick immer auf diese ernsten Hintergründe gerichtet ist. Denn eigentlich leben können wir nur aus so tiefen Hintergründen heraus.

Und nun kehre ich zum Anfang zurück. Ich habe da gesagt: Es gibt keinen anderen Weg, zu sich selbst zu kommen, als den, daß man einmal ganz von sich losgekommen sei. Dieser paradoxe Satz kann nicht anders verstanden werden als so, daß man ein bloß niederes Ich eintauscht zugunsten eines höheren. Und das ist es, was man nennt: innerlich reicher werden. Das naive Ich, das so in den Tag hineinlebt, wird allmählich überboten von anderen Gestalten des Selbst, in denen sehr viel mehr lebt von den Gehalten, mit denen uns das Dasein allmählich vertraut macht. Aber dieses Reicherwerden fordert nun das »Stirb und werde!« Das enge Ich muß sterben, damit das weitumfassende Herz geboren werde, und dies nicht einmal, sondern immer wieder und wieder. Das heißt im tieferen seelischen Sinne wachsen, und es hört nicht auf mit den Jugendjahren, wie das andere Wachsen, sondern es fängt erst am Ende des Jungseins eigentlich an. Es ist die uns bestimmte Gnade, daß wir, von der Oberfläche des Lebens herkommend, durch Leiden-können und Lieben-können und Leid-verstehen erst die Wahrheit des Lebens kennenlernen. In der Stille der Krankenstube vor allem vollzieht sich dieses große Ereignis wieder und wieder. Mögen wir es täglich fühlen als eine tägliche Begegnung mit Gott! Wer in der Liebe bleibt, der bleibt in Gott!

Mein Kind, es ist nicht leicht zu lieben.
Oft liebt ihr, wenn ihr zu lieben glaubt, nur euch selbst, und ihr
verfehlt alles, ihr zerbrecht alles.

Lieben heißt sich begegnen, und um der Begegnung willen
muß man willens sein, von sich selber fortzugehen, um einem
anderen entgegenzugehen.
Lieben heißt sich vereinigen, und um der Vereinigung willen
muß man sich für einen anderen vergessen,
muß man sich selber ganz und gar absterben für einen
anderen.
Lieben, mußt du wissen, mein Kind, das tut weh,
Denn seit der Sünde – hör gut zu – heißt lieben: sich kreuzigen
für einen anderen.

Michel Quoist

JOHNSON GNANABARANAM

Vor dir: eine offene Tür! (Offb. 3,8)

Wie kann ich Gott danken, wenn er nur mir zu essen
und zu trinken gibt?
und mein Nachbar leidet Hunger und Durst,
wie kann ich dann sagen: Herr, habe Dank für die Mahlzeit –?
Und soll ich Gott loben, wenn er nur meinen Leib kleidet
und nur meiner Familie eine Wohnung gibt?
und mein Nachbar ist nackt und schläft auf der Straße,
soll ich dann sagen: Gelobt sei Gottes Güte –?
Und muß ich Gott preisen, wenn er nur mir Gesundheit
und Freiheit schenkt?
und mein Nachbar ist krank und unterdrückt,
muß ich dann sagen: Gepriesen sei Gottes Barmherzigkeit –?
Sollte ich Gott wirklich danken, daß er gerade mich erwählt hat?
und Millionen von Menschen leben noch in Dunkelheit,
sollte ich dann beten: Dank dir, Gott, daß ich zu den
Auserwählten gehöre –?
Vor dir: eine offene Tür!
Mein Kind, ich gebe dir nicht zu essen und zu trinken,
damit du allein satt und fröhlich sein kannst.
Ich gebe dir, damit du deine Mahlzeit mit dem hungrigen
Nachbarn teilst;
durch dich gesättigt, wird er meine Fürsorge erkennen und
mir danken.
Mein Kind, ich gebe dir nicht Kleidung und Wohnung,
damit du in Wohlstand lebst und darauf stolz bist.
Ich gebe dir, damit dein frierender Nachbar durch deine
Kleidung vor der Kälte bewahrt wird
und dein Haus Zufluchtsstätte sei für Menschen in Not;
wenn sie durch dich meine Güte erfahren,
werden sie mich loben.
Mein Kind, ich gebe dir nicht Gesundheit und Freiheit,
damit du dich unbeschwert deines Lebens freust.
Du bist gesund, darum kannst du Kranken und Alten dienen,

und weil du frei bist, den Unterdrückten zur Freiheit helfen;
wenn sie durch dich meine Barmherzigkeit erleben,
werden sie mich preisen.
Mein Kind, ich habe dich nicht erwählt,
damit du dich für Zeit und Ewigkeit ruhig und sicher fühlst.
Vielmehr habe ich dich zu meinem Mitarbeiter erwählt.
Wenn du meine Liebe bezeugst unter deinen Mitmenschen,
werden sie meine Gegenwart erfahren,
ihre Dunkelheit wird hell werden,
und mit dir werden sie mir danken,
mich loben und preisen.
Vor dir: eine offene Tür! –

Das Bild Moses

Eine jüdische Legende

In alten Zeiten lebte ein König, der hörte von Mose, dem großen Führer und Lehrer der Kinder Israel, und er sprach bei sich: »Wie herrlich muß dieser Mann sein, und wie schön muß sein Aussehen sein!« Es überkam ihn ein großer Wunsch, Moses Angesicht kennenzulernen, und er sandte seinen Maler ins Lager der Israeliten, daß er ihm ein Bild male von Mose.
Nach der Zeit kam der Maler zurück und brachte das Bild. Und der König berief seine Weisen und sprach zu ihnen: »Deutet mir aus dem Gesicht dieses Mannes sein Wesen.«
Da berieten die Weisen miteinander und deuteten und sprachen zu dem König: »Herr, dies ist das Bild eines Frevlers, denn wir erkennen in seinem Gesicht die Zeichen von Habsucht, Ungerechtigkeit und Jähzorn.«
Der König aber ergrimmte und sprach: »Das kann nicht Mose sein, von dem ihr so redet, denn ich höre von Mose große und wunderbare Taten, und Gott hat ihn der Anschauung gewürdigt. Nicht

anders, als der Maler hat mich betrogen und mir ein falsches Bild gemacht.«

Da schwor der Maler und sprach: »Dies ist wahrlich das Bild Moses, das ich selbst nach ihm gefertigt habe getreulich und mit allem Fleiß.«

Aber der König hörte nicht auf seine Stimme und glaubte ihm nicht, er sprach: »Soll ich meine treuen Weisen der Lüge anklagen?« und warf ihn ins Gefängnis.

Danach sprach der König: »Nun will ich doch selbst hinreisen und alles mit eigenen Augen sehen.« Und er machte sich auf und ging und kam ins Lager der Kinder Israel, da sah er Mose sitzen und das Volk um ihn her richten, und sein Ansehen war sehr herrlich. Da nahm der König das Bild heraus und verglich es mit Mose, und siehe, es glich ihm getreulich. Da näherte sich der König und grüßte Mose mit vielen Ehren und sprach zu ihm: »Wie ist das, mein Herr? Von diesem Bild haben meine Weisen gesagt: es ist das Bild eines Frevlers, und wir sehen aus seinen Zügen Habsucht, Ungerechtigkeit und Jähzorn – und dennoch ist es dein Bild. So hat der Maler doch die Wahrheit gesprochen, und meine Weisen, denen ich vertraut habe, waren falsch gegen mich und haben mich betrogen. Denn ich weiß wohl, daß du groß bist vor Gott.«

Da antwortete Mose und sprach: »Deine Weisen haben dich nicht betrogen, sondern all die bösen Eigenschaften, die sie aus dem Bild sahen, habe ich in mir. Aber da ich gegen sie kämpfte und sie niederzwang, da wurde ich groß, und Gott hat mich der Anschauung gewürdigt. Denn wer wird groß, der nicht gegen sich selbst gekämpft hat?«

IV

Ohne Ansehen der Person

Es gibt keine uninteressierten Menschen auf der Welt,
Ihre Schicksale sind wie die Geschichten der Planeten:
Ein jeder ist unwiederholbar,
und es gibt keine Planeten, die ihm ähnlich sind.

Und wenn jemand unbemerkt gelebt hat
Und mit dieser Unbemerkbarkeit befreundet war,
Dann war an ihm unter den Menschen
Gerade seine Unbemerkbarkeit interessant.

Jeder hat seine geheime persönliche Welt,
In dieser Welt gibt es einen allerbesten Augenblick,
In dieser Welt gibt es eine allerfurchtbarste Stunde,
Aber das alles ist uns unzugänglich.

Jewgenij Jewtuschenko

»Jesuskind, wo bist Du? Du bist nicht mehr zu sehn.
Leer ist Deine Krippe, wo Ochs und Esel stehn...
Ich seh' Maria, die Mutter, und Joseph Hand in Hand,
ich seh' die schönen Fürsten vom fernen Morgenland.
Doch DICH kann ich nicht finden:
Wo bist Du, Jesuskind?«
»Ich bin im Herzen der Armen, die ganz vergessen sind.«

»Maria, voller Sorgen, sie sucht Dich überall,
draußen bei den Hirten, in jeder Eck im Stall.
Im Hof ruft Vater Joseph und schaut ins Regenfaß.
Sogar der Mohrenkönig, er wird vor Schrecken blaß.
Alles sucht und ruft Dich:
Wo bist Du, Jesuskind?«
»Ich bin im Herzen der Kranken, die arm und einsam sind.«

»Die Könige sind gegangen, die sind schon klein und fern;
die Hirten auf dem Felde, sie sehn nicht mehr den Stern.
Die Nacht wird kalt und finster – erloschen ist das Licht.
Die armen Menschen seufzen: Nein, nein, das war er nicht.
Doch rufen sie noch immer:
Wo bist Du, Jesuskind?«
»Ich bin im Herzen der Heiden, die ohne Hoffnung sind.«

Jean Anouilh

MICHEL KAYOYA

Gruß an den Bauern und den Arbeiter in der Unterentwicklung

Ich grüße Dich, aber ich schäme mich, Dich meinen Freund zu nennen. Denn ich bin reich, verwöhnt von der Natur, die Du veränderst.
Trotzdem grüße ich Dich, den Mutigen, auch wenn Du schmutzig bist und nach Schweiß und nach Mann riechst.
Ich versichere Dir: Ich liebe Dich, Du bist mein Kamerad, der Balken und Stämme zersägt, Mauersteine und Erdmassen bewegt.
Ich beneide Dich, weil Du fröhlich lachst, einfach bist wie ein Mönch, unschuldig wie ein Kind, Strapazen und Hitze erträgst.
Ich verehre Deine schlichte und aufrichtige Art, die göttliche Gebärde des Teilens, Deine Gebärde, mit der Du Deinen einzigen Tagesvorrat teilst, ein Blatt Tabak.
Ich versichere Dir: Du bist mein Kamerad, ich liebe Dich, Deinetwegen rufe ich, Deinetwegen schreie ich über die Unterentwicklung.
Sie sind morgens von der Familie weggegangen ohne eine Tasse Kaffee, ohne ein Stück Brot, ohne eine Handvoll Bohnen. Es war zu früh – es ist nicht üblich, daß ein Mann erwacht und gleich ißt. Außerdem haben sie auch nichts. Ihr Stückchen Acker trägt kaum etwas. Und der Lohn? Weniger als nichts: 25 frs für 8 Stunden. Anderthalb Dollar die Woche.

Sechs Dollar im Monat – für die Erfolgreichen!
Dann haben sie Holz gesägt, haben auf ihren kaputten, schmutzigen, entstellten Körpern Steine und Ziegel getragen. Vom Schwitzen sind sie erschöpft. Sie trinken Wasser und noch einmal Wasser. Zehnmal. Zwanzigmal. In der Pause, so sollte man meinen, werden sie ihr Mittagessen verschlingen. Aber nichts dergleichen. Die einen schlendern umher, um die lange Zeit der Untätigkeit auszufüllen. Andere strecken sich auf der Erde aus, kraftlos liegen sie da, begnügen sich mit dem schönen Tabak, der sie ablenkt.
Nach der Stunde der Ruhe – vielmehr: der Langeweile – beginnt die Arbeit von neuem. Der Chef kommt, vollgestopft von seinem reichlichen Mittagessen, er schimpft, donnert, flucht. Der Arbeiter bückt sich, führt die Anweisungen aus, lacht. Der Tag geht zu Ende. Der Freund ist erschöpft, durstig, ausgehöhlt, dreckig.
Morgen wird er wieder von vorn beginnen, ebenso übermorgen, nächsten Monat, nächstes Jahr, ohne den Mut zu verlieren. Er wird verdienen, was er für die Steuern braucht, für die Schulsachen seines Jungen und für das bunte Tuch seiner Frau. Für ihn selbst bleibt nichts – ein Gläschen am Sonntag, das ist alles. Er wird sich begnügen mit seiner durchlöcherten, geflickten Hose, mit seiner verschossenen Jacke, die die Deutschen im Ersten Weltkrieg getragen haben.
Seinen Durst wird der Arbeiter auf dem Heimweg an dem trüben Bach stillen, der sich durch Berge, Siedlungen und Felder schlängelt.
Hingehockt, mit schmerzendem Kopf, wird er sich vorbeugen, wird seine aufgesprungenen Hände waschen und dann seinem ausgetrockneten Mund eine Flüssigkeit zuführen, die unterwegs auf ihrem langen Reiseweg schmutzig geworden ist.
Es ist das gleiche trübe Wasser, das seine Frau zum Essenkochen und als Waschwasser geschöpft hat. Es ist das gleiche Wasser, von dem die ganze Familie trinken wird: Der Kleine, der sich auf dem Rücken seiner Mutter sträubt. Das Bürschchen von vier Jahren, das am Daumen lutscht und auf den Teigkloß wartet, den die Mutter, erschöpft von acht Monaten Schwangerschaft, für ihn knetet, während Rauchschwaden aus dem engen, mit halbtrockenem Holz gefütterten Herd quellen. Die lebenserfahrene, kleine Sechsjäh-

rige, die mit Mühe den großen Kochtopf festhält, der erbarmungslos herumgestoßen wird, als die Mutter mit der kleinen Holzkelle den Teig umrührt und knetet. Die ganze Familie wird dieses Wasser aus dem deckellosen Krug trinken, den die Fliegen und Käfer nach Belieben besuchen.

Die unwissenden Kinder, die im väterlichen Haus viel Freiheit haben, werden darin herumplanschen mit Händen, die seit zwei Tagen nicht gewaschen sind.

Wenn die Mahlzeit fertig ist,
Wird gegessen.
Der Vater bekommt sein Teil,
Den Anteil des Chefs.

Sorgsam ist er in die besten Schüsseln des Hauses gefüllt.

Diesen Anteil wagt niemand zu betrachten, weder der gerade entwöhnte kleine Bursche noch das Mädchen, das – ernsthaft wie ein Zauberer im Zeremoniengewand – mit beiden Händen dem Herrn Vater das Essen aufträgt.

Die Kleinen werden ihr Teil bekommen. Einen Kinderanteil, irgendwie und in irgendwelche Schüsseln geschüttet.

Nachdem sich alle mit dem gleichen abgestandenen Wasser aus dem Krug in der Ecke die Hände gewaschen haben, werden sie die Mahlzeit einnehmen – ohne viele Worte, aber mit vielen Gebärden. Die fast rituellen Gebärden vollenden diese Handlung. Die Hand wird aus der Schüssel jeweils soviel herausnehmen, wie in den Mund hineinpaßt, die mit schmutzigem Wasser gewaschene Hand – aus der mit schmutzigem Wasser gespülten Schüssel.

Nach dem Essen erzählt der Vater von den Erlebnissen des Tages.

Die Mutter räumt das Geschirr fort. Das kleine Mädchen hilft dabei. Der Teigtopf wird auf den Rost über dem Herd gestellt, ebenso der Topf für das Gemüse.

Die Schüsseln werden neben dem Eingang zur elterlichen Schlafnische sorgfältig auf einem Schilfrohrbrett aufgereiht. Dann erwartet man den Schlaf.

Um 20 Uhr ist der Kleinste auf dem Schoß seiner Mutter eingeschlafen. Zwei andere Burschen kämpfen mit der Müdigkeit, bis gegen 20 Uhr 30 der Schlaf das Spiel gegen sie gewinnt. Die Mutter trägt den Jüngsten in das Familienbett. Die anderen werden geweckt, sobald sie am Einschlafen sind, sie gehen und rollen sich zusammen auf dem mattenbelegten kleinen Holzbett, das für die Kinder in der Nische am Eingang aufgestellt ist. Dort werden sie schlafen, mit geschlossenen Fäusten und sorglos wie die Engel, trotz der vier Ziegen, die unter dem Bett ihre Tagesnahrung wiederkäuen.

Sie werden durchschlafen bis zum Morgen, trotz der schönen Kuh Bwami, die in der anderen Ecke unaufhörlich brüllt, während sie ihr einen Monat altes Kälbchen leckt. Nach den Kindern werden die Eltern zu Bett gehen. Der Vater ist müde von der verwünschten Lohnarbeit. Die Mutter, erschöpft durch das Kind, das in ihrem gesegneten Leib den 250. Tag seiner Existenz feiert. Die Flöhe werden ihr Versteck verlassen und sich zum Rendezvous mit den Läusen begeben, die in ihren Lieblingswohnungen schon sehr darauf gewartet haben: in der Jacke des Hausherrn, die als Kopfkissen dient, und im Lendentuch der Frau, das in eine Ecke des Bettes geworfen wurde.

Sie können sich zu Gast laden, diese unvermeidlichen Begleiter des unsauberen Menschen. Sie können stechen, saugen, Freudentänze aufführen, sich an menschlichem Blut berauschen. Sie werden diese erschöpften Menschen nicht aus dem Schlaf reißen, diese Menschen, die das Unglück ausbaden müssen, das die Unterentwicklung über sie gebracht hat.

Ich sehe den Hunger, das Zeichen der Unterentwicklung.

Ich sehe Arbeiter, die nichts besitzen,
Arbeiter, die uns begegnen,
Auf den Beinen seit dem frühen Morgen,
Auf den Beinen bis zum Abend,
Diese Bauarbeiter,
Diese Landarbeiter.

Der Nächste ist der mit mir vor Gott Gleiche. Der Nächste ist nicht die Geliebte, für die Du die leidenschaftliche Vorliebe hast; auch nicht Dein Freund, für den Du die leidenschaftliche Vorliebe hast.

Der Nächste ist auch nicht, wenn Du selbst ein Gebildeter bist, der Gebildete, mit dem Du auf gleicher Bildungsstufe stehst – denn mit dem Nächsten bist Du der Gleiche *vor Gott.*
Der Nächste ist auch nicht einer, der vornehmer ist als Du; das heißt, er ist nicht der Nächste, soweit er vornehmer ist als Du; denn ihn zu lieben, weil er vornehmer ist, kann so leicht Vorliebe und insofern Selbstliebe sein.
Der Nächste ist auch nicht einer, der geringer ist als Du; das heißt, soweit er geringer ist als Du, ist er nicht der Nächste, denn einen lieben, weil er geringer ist als Du, kann so leicht Herablassung der Vorliebe und insofern Selbstliebe sein.
Nein, den Nächsten lieben ist Gleichheit. Es ist ermunternd in Deinem Verhältnis zum Vornehmen, daß Du in ihm Deinen Nächsten lieben sollst; es ist demütigend im Verhältnis zu dem Geringeren, daß Du in ihm nicht den Geringeren zu lieben hast, sondern den Nächsten lieben sollst; es ist rettend, wenn Du das tust, denn Du sollst das tun.
Der Nächste ist jeder Mensch; denn durch die Verschiedenheit ist er nicht Dein Nächster; auch nicht durch die Gleichheit mit Dir innerhalb der Verschiedenheit von anderen Menschen. Durch die Gleichheit mit Dir vor Gott ist er Dein Nächster, aber diese Gleichheit hat unbedingt jeder Mensch und hat sie unbedingt.

Søren Kierkegaard

JOACHIM SCHÖNE

Der Bruder

Es war in der Halle des Hauptbahnhofes. Da traf ich ihn zum ersten Male. Er stand an der breiten Treppe, die hinauf zu den Bahnsteigen führt. Er war dabei, die erste Stufe zu betreten. Ich kam die Treppe herunter und hüpfte nach meiner Gewohnheit von Fuß auf Fuß. Leicht und unbeschwert.
Ich sah ihn. Ich erkannte ihn, obwohl er mich nicht anblickte. Ich setzte die Füße langsamer. Er beachtete mich nicht. Ich wollte mich

ihm zuwenden. Ihm entgegenspringen. Ihn begrüßen. Aber ich hielt ein. Ich führte die Bewegung nicht aus. Da hob sich sein Kopf. Nur ein wenig. Und seine Augen kamen mir entgegen.
Ich fühlte, wie die weite Halle zusammensank zu einem kleinen Raum. Das Geräusch der Eile verklang. Meine Augen suchten einen fernen Punkt. Ich sprang die Treppe hinunter. An ihm vorbei. Ohne ihm meinen Kopf zuzuwenden. Ohne ihm einen Gruß zuzunicken. Ich verlief mich im Gedränge des Portals.
Ich sah ihn seither sehr oft. Ich sah ihn, wenn ich mich in der Halle des Bahnhofes aufhielt. Ich sah ihn unter den Menschen der Straße. Ich sah ihn im verhaltenen Licht der Kirche. Ich sah ihn, wenn ich im Café wartete. Ich sah ihn, wenn ich einsam war. Ich sah ihn oft, obwohl ich ihm nicht wieder begegnet bin.
Ich sehe ihn auch jetzt. Er steht vor mir. Eigentlich unter mir; denn ich komme ja die Treppe herunter. Er ist dabei, die erste Stufe zu betreten. Es fällt ihm schwer. Mit der linken Hand umklammert er das Geländer. Es ist eine große Hand. Groß im Verhältnis zu dem kleinen verkrüppelten Körper. Die Adern treten hervor. Die Haut ist rissig und schmutzig. Er hebt ein Bein auf die Stufe und zieht das andere nach. Er schiebt den ungelenken Körper nach vorn. Der Kopf hängt nach unten. Ich sehe nur die struppigen Haare, den abstehenden Kragen und den Rücken, der zu einer schrecklichen Ausbuchtung ausgewachsen ist. Darunter ist ein elendes Stück Mensch. Mit einer verengten, keuchenden Brust. Mit allzu langen Armen. Mit Beinen, die sich nur mühsam vom Boden heben lassen. Schon auf der ersten Stufe hält er ein. Ich glaube sein Atmen zu hören. Er hält den Kopf noch gesenkt. Der rechte Arm hängt schlaff an der Seite. Ebenso schlaff wie die aufgerissene Tasche, die von der Hand umschlossen wird. Ebenso schlaff wie die Beine, die ihn die breite Treppe hochbringen sollen. Es fällt mir schwer, diese Gestalt ins Auge zu fassen; denn die Augen bleiben nicht bei dem, was sie anschauen sollen. Sie gleiten ab zu dem ausgewachsenen Rücken. Und zuletzt scheint es, als müßte dieser ganze Mensch nur aus der Mißbildung bestehen. Als könnte er überhaupt kein schönes Gesicht haben. Keine angenehme Haut. Ja, nicht einmal gute und freundliche Gedanken. Vielleicht gar kein Herz, wie jeder andere Mensch, mit seiner Liebe und seinem

Maß, seiner Eigensucht und seinem Glauben. Es ist, als würde der Auswuchs zugleich die Brust erfüllen, und so verdrängen, was den Menschen zum Menschen macht.
Die Halle des Bahnhofes ist voller Menschen. Sie kommen aus anderen Orten. Sie hasten zu ihren Zügen. Auch sie sehen ihn. Aber meist schenken sie ihm nur einen knappen Blick. Die einen erschrecken; denn das Ungewohnte, das Verunstaltete am Menschen erinnert an die eigenen Grenzen. Die anderen lachen. Es sind junge Leute. Sie lachen nicht laut. Sie stoßen sich an und lachen mit der Bewegung des Kopfes: »Da, sieh mal!«
Vielleicht sind sie noch zu jung, um den Jammer eines solchen Menschen zu erfassen, vielleicht zu gesund. Vielleicht aber verbirgt sich hinter dem stummen Lachen auch das Mitleid. Mitleid, das noch keine Formen gefunden hat, sich zu äußern.
Den meisten der Vorübergehenden aber ist das Mitleid ins Gesicht geschrieben. Sie würden weinen, wenn sie es nicht so eilig hätten. Das schreckliche Bild wird sie noch lange verfolgen. Und für einen Augenblick sind sie dankbar, daß sie nicht dieser Mensch sind, der von den anderen abgehoben ist durch seine Gestalt.
Alle gehen sie an ihm vorbei. Sie lassen ihn hinter sich, ohne daran zu denken, daß sie ihm gerade damit Schmerz bereiten. Denn während sie schon zehn Stufen genommen haben, ist er noch dabei, sich auf die zweite Stufe zu schieben. Und es sieht gerade so aus, als beschleunigten sie in seiner Nähe ihre Schritte.
Ehe er den einen Fuß auf die zweite Stufe setzt, hebt er seinen Kopf ein wenig. Ich sehe das zerknitterte Gesicht. Und mit einem Mal lösen sich meine Augen von seinen Gebrechen. Sie versuchen, die Haare beiseite zu streichen, die die Stirn verdecken. Sie gleiten an den Falten des Gesichts entlang. Leiden liegt hinter diesem Gesicht. Schmerz und Überwindung.
Die Halle des Bahnhofes weitet sich. Licht fällt durch hohe Fenster. Ich sehe nur noch das Gesicht. Es ist nah vor mir. Und doch ist es irgendwie fern. Der Raum ist ineinandergeschoben. Leiden liegt hinter diesem Gesicht, Schmerz und Überwindung. Es grüßt mich von der Höhe des Altars. Das Gesicht des Gekreuzigten.
Plötzlich treffen mich seine Augen. Sie kommen mir entgegen. Sie fordern nicht. Sie weinen nicht. Sie verurteilen nicht. Sie über-

strahlen die Unebenheiten dieses Gesichtes. Sie überdecken das Gebrechen dieses Leibes. Sie sehen mich an. Die weite Halle sinkt zusammen zu einem kleinen Raum. Wir sind allein in einer Schar hastender Menschen. Das Geräusch der Eile verklingt. Ich fühle meine Schuld. Meine unendliche Schuld. Sie legt sich über mich wie ein Gebrechen. Ich kann nicht mehr. Meine Augen wollen sich losreißen. Sie suchen einen fernen Punkt, der ihnen Halt gibt. Ich springe die Treppe hinunter. An ihm vorbei. Ohne ihm meinen Kopf zuzuwenden. Ohne ihm einen Gruß zuzunicken. Ich verlaufe mich im Gedränge des Portals.

V

Hören, Reden, Schweigen

Jesus, mein Herr,
Deine Weisheit übertrifft die meine.
Die Worte meiner Weisheit
erweisen sich vor Dir als Torheit.
Meine Zunge ist unbeherrscht
und mein Wille sprunghaft.
Unüberlegte Worte sind mir längst
zur Gewohnheit geworden.

Willst Du meinen Willen und meine Gedanken
nicht in die rechte Bahn lenken
und aus meinem Munde nur solche Worte lassen,
die Deinen Namen ehren?

Meine Worte loben mich selbst
und urteilen hart über andre und ihre Ideen.
Nur Du kannst mir helfen,
die rechten Worte zu finden.
Nur Du kannst mir geben, zu reden,
wie es Dir gefällt.
Nur Du kannst meine Zunge
unter Kontrolle halten.

Behüte meine Zunge, o Herr! *M. A. Thomas*

Nun schläfet man,
und wer nicht schlafen kann,
der bete mit mir an
den großen Namen,
dem Tag und Nacht

wird von der Himmelswacht
Preis, Lob und Ehr gebracht,
o Jesu, Amen.

Weg, Phantasie!
Mein Herr und Gott ist hie.
Du schläfst, mein Wächter, nie.
Dir will ich wachen.
Ich liebe Dich,
ich geb' zum Opfer mich
und lasse ewiglich
Dich mit mir machen.

Es leuchte Dir
der Himmelslichter Zier,
ich sei Dein Sternlein, hier
und dort zu funkeln.
Nun kehr ich ein,
Herr, rede Du allein
beim tiefsten Stillesein
zu mir im Dunkeln. *Gerhard Tersteegen*

Ich habe gerade abgehängt; warum hat er telephoniert?
Ach ja, Herr … ich weiß.
Das kommt davon, daß ich viel gesprochen und wenig zugehört habe.
Verzeih, Herr, ich habe ein Selbstgespräch geführt und nicht Zwiesprache gehalten.
Ich habe meine Gedanken aufgedrängt und nicht ausgetauscht.
Weil ich nicht zugehört habe, habe ich nichts erfahren.
Weil ich nicht zugehört habe, habe ich nichts gegeben.
Weil ich nicht zugehört habe, habe ich kein Band geknüpft.
Verzeih, Herr, denn ich war verbunden,
und jetzt sind wir getrennt. *Michel Quoist*

ROGER SCHUTZ

Kontemplatives Warten

Das kontemplative Warten ist keine Existenzweise irgendwo zwischen Himmel und Erde, in Ekstase oder Erleuchtung. Es beginnt damit, daß man sich bescheiden Gott und dem Nächsten nähert. Zu erkennen bleibt es immer am Siegel eines auf Verwirklichung drängenden Geistes.

Es fordert von uns eines: in allem die innere Stille zu wahren. Mitten bei der Arbeit oder in der Einsamkeit darum zurückgreifen auf die kurze und häufige Anrufung des Namens Jesu, auf Psalmen, die man auswendig weiß oder singt, auf die einfache Gebärde des Kreuzeszeichens.

Kontemplatives Warten ist auch immer das Erfassen des Nächsten, der Blick auf ihn in der Verklärung. Wer immerwährend wechselnde und sehr verschiedene Gesprächspartner vor Augen hat, erneuert sich ständig in diesen Geschöpfen Gottes. Empfängt er sie mit einer Aufmerksamkeit, die sich ständig an den Quellen der Kontemplation erfrischt, weicht selbst die Müdigkeit.

Durch das kontemplative Warten auf Gott gelingt uns die täglich neu erforderliche Zustimmung zu allem, was uns zuteil wird und uns widerfährt, zu unserem Älterwerden, zu den verpaßten Gelegenheiten, den Niederlagen. Sogar das Bedauern wird zu einer Handlung voller Kraft, zur Reue, die unsern Lauf beschleunigt. In »Thomas Gordeieff« erzählt Gorki, wie das Boot des Ignatius vom Eis der Wolga zerstört wird. Ignaz, geizig an sich und auf jeden Rubel bedacht, findet sich auf der Stelle mit diesem Verlust ab. Er weiß, daß Klagen zu nichts führt, und schon beruhigt er sich und faßt neuen Mut bei dem Gedanken, sich ein neues Boot zu bauen.

Mit dem Bedauern zerstört der Mensch sein Inneres. Der menschliche Geist gewinnt keineswegs Spannkraft, sondern wird unfruchtbar, wenn er sich ständig bei nutzlosen Überlegungen aufhält, was er in dieser oder jener Situation hätte machen sollen. Es gibt Kindheitserlebnisse, die unbewußte Belastungen des Gewissens hinterlassen. Alles möchte man immer wieder von vorn

beginnen, um es besser zu machen. Doch was bringen wir denn wirklich gut zustande? Es gelingt uns alles immer nur annäherungsweise. Das Bedauern lähmt den schöpferischen Elan. Bedauern macht schwach.
Wenn es für uns Augenblicke der Gewißheit gibt, Sicherheit, festen Grund, so ganz sicher dann, wenn wir gemeinsam im Warten auf Gott versammelt sind. Alles wird dort wieder möglich. Das Salz nimmt dort wieder seinen Geschmack an. Was fade geworden ist, erhält wieder neue Bedeutung und Kraft.
Im kontemplativen Warten auf Gott löst sich all unser Pessimismus, selbst dann, wenn dieser Pessimismus nur zu berechtigt ist angesichts dessen, wie die heutige Welt und wie wir selbst uns darbieten.

Bitte um das Rechte

Ich rede, wenn ich schweigen sollte,
und wenn ich etwas sagen sollte,
dann bin ich plötzlich stumm,
dann bin ich plötzlich stumm.
Herr, hilf das Rechte sagen.
Hilf uns das Gute wagen.
Hilf uns das Gute wagen.
Herr, hilf das Rechte tun.

Ich schweige, wenn ich reden sollte,
und wenn ich einmal hören sollte,
dann kann ich's plötzlich nicht,
dann kann ich's plötzlich nicht.
Refrain.

Ich glaube, wenn ich zweifeln sollte,
und wenn mein Glaube tragen sollte,
dann bin ich tatenlos,
dann bin ich tatenlos.
Refrain.

Ich zweifle, wenn ich glauben sollte,
und wenn ich kritisch fragen sollte,
dann nehm' ich alles an,
dann nehm' ich alles an.
Refrain.

Paul Bischoff

Im Vorübergehen fragt mein Nachbar,
wie es gehe, er fragt nicht,
weil er mitgehen will,
er fragt, weil er weitergehen will.
Ich antworte, es geht,
aber es geht nicht,
so nicht.

Rudolf Bohren

VI

Mut zur Gelassenheit

Ich danke meinem Gott, der gewollt hat, daß ich zeitlebens ein Mann der Sehnsucht sein sollte. Die Sehnsucht nach dem Guten ist ein Bächlein, das aus Gott quillt. Gleich der geschäftigen Martha bin ich viel hin und her gelaufen, nun aber habe ich mich gleich Maria zu seinen Füßen gesetzt. Ich preise Dich, mein Erretter, daß Du mir auf der Erde kein Vaterland und keine Wohnung gegeben hast, so daß ich mit David sage: Ich bin Dein Pilger und Dein Bürger. Du hast mich vor der Torheit bewahrt, das Zufällige für das Wesentliche, den Weg für das Ziel, das Streben für die Ruhe, die Herberge für die Wohnung, die Wanderschaft für das Vaterland zu halten. *Johann Amos Comenius in seinem Testament*

TOKI MIYASCHINA

Nachdichtung des 23. Psalms

Der Herr gibt mir für meine Arbeit das Tempo an. Ich brauche nicht zu hetzen. Er gibt mir immer wieder einen Augenblick der Stille, eine Atempause, in der ich zu mir komme. Er stellt mir Bilder vor die Seele, die mich sammeln und mir Gelassenheit geben. Oft läßt er mir mühelos irgend etwas gelingen, und es überrascht mich selbst, wie zuversichtlich ich sein kann. Ich merke: Wenn man sich diesem Herrn anvertraut, bleibt das Herz ruhig. Obwohl ich viel zuviel Arbeit habe, brauch' ich doch den Frieden nicht zu verlieren. Er ist in jeder Stunde da und in allen Dingen, und so verliert alles andere sein bedrohliches Gesicht. Oft – mitten im Gedränge – gibt er mir ein Erlebnis, das mir Mut macht. Das ist, als ob mir einer eine Erfrischung reichte, und dann ist der Friede da und eine tiefe Geborgenheit. Ich spüre, wie meine Kraft dabei wächst, wie ich ausgeglichen werde und mir mein Tagewerk gelingt. Darüber hinaus ist es einfach schön, zu wissen, daß ich meinem Herrn auf der Spur bin und daß ich jetzt und immer bei ihm zu Hause bin.

FRANZ VON ASSISI

Die vollkommene Freude

Legende, wie der Heilige Franz Bruder Leo belehrte,
daß nur im Kreuz die vollkommene Freude ist

Einst, zur Winterszeit, kam der heilige Franz von Perugia her gen Santa Maria degli Angeli (= Portiuncula in der Ebene unterhalb Assisi). Sein Begleiter war Bruder Leo. Es herrschte eine solche Kälte, daß sie bitter froren. Da rief der heilige Franz Bruder Leo, der ihm etwas vorausging, und sagte also:
»Bruder Leo, wenngleich die Minderbrüder ein schönes Beispiel des guten und heiligen Lebens geben und viele Menschen erbauen – dennoch, schreibe es auf und merke es wohl: darin liegt nicht die vollkommene Freude!«
Als er ein wenig weitergegangen war, rief er ihn von neuem an und sprach:
»Bruder Leo, und wenn ein Minderbruder Blinden das Augenlicht wiedergäbe, Krüppeln die freie Bewegung schenkte, böse Geister austriebe, Taube hören und Lahme gehen machte und Stummen die Sprache wiedergäbe, ja, wenn er einen Toten nach vier Tagen zu neuem Leben erweckte – schreibe: auch darin liegt nicht die vollkommene Freude!«
Und abermals, etwas weiter, rief er: »Bruder Leo, wenn ein Minderbruder die Sprachen aller Völker wüßte und alle Wissenschaften und Bücher beherrschte und könnte weissagen und die Zukunft offenbaren und selbst ins heimlichste Gewissen der andern sehen – schreibe: auch darin liegt nicht die vollkommene Freude!«
Und wie sie weiterschritten, rief er nochmals: »Bruder Leo, Lämmlein Gottes, könnte ein Minderbruder sogar mit Engelszungen reden und wüßte der Sterne Lauf und der Kräuter Heilkraft und könnte die Schätze der Erde aufzeigen und durchschaute die Fähigkeiten und Eigenschaften der Vögel, Fische, Tiere, Menschen, Wurzeln, Bäume, Steine und Wasser – schreibe es wohl und merke es gut: auch darin liegt nicht die vollkommene Freude!«
Und wieder nach einer Weile rief er: »Bruder Leo, und verstände

ein Minderbruder so herrlich zu predigen, daß er alle Ungläubigen zum Glauben bekehrte – schreibe: auch darin liegt nicht die vollkommene Freude!«
So sprach er wohl über gut zwei Meilen des Weges hin. Endlich ergriff Bruder Leo, der über all das höchlichst verwundert war, das Wort und sprach:
»Vater, ich bitte dich in Gottes Namen, so sag mir, worin die vollkommene Freude liegt.«
Der Heilige erwiderte ihm:
»Wenn wir, ganz durchnäßt vom Regen und von Kälte durchschauert, von Straßenkot schmutzig und von Hunger gepeinigt, nach Santa Maria degli Angeli kommen, und wenn wir dann an der Pforte läuten und der Pförtner käme und spräche: ›Wer seid ihr?‹, und wenn er auf unser Wort: ›Wir sind zwei deiner Brüder‹, uns anführe und spräche: ›Was? Zwei Landstreicher seid ihr und streift in der Welt herum und nehmt den Armen ihre Almosen weg!‹ – und er würde uns nicht aufmachen, sondern ließe uns stehen in Schnee, Wasser, Frost und Hunger bis in die Nacht hinein –, wir aber würden all die Unbilden und Beleidigungen ruhig und ohne Murren geduldig tragen und würden in Demut und Liebe denken, der Pförtner kenne uns wirklich gut und Gott werde ihm solche Worte auf die Zunge gelegt haben: da, Bruder Leo, schreibe es, liegt die vollkommene Freude!
Und gesetzt, wir würden doch wieder anklopfen, und nun käme der Pförtner in helle Aufregung gegen die Plagegeister und würde uns ohrfeigen mit groben Schlägen und sagen: ›Macht, daß ihr fortkommt, Lumpenpack, geht zur Herberge! Wer seid denn ihr? Hier gibt es kein Essen für euch!‹ – und wenn wir das ruhig trügen und die Beleidigungen mit Liebe annähmen von ganzem Herzen – o Bruder Leo, schreibe: das ist die vollkommene Freude! – Und gesetzt, wir würden bei so übler Behandlung, mit hungrigem Magen, in der schmerzenden Kälte, mit Rücksicht auf den Einbruch der Nacht noch einmal klopfen und inständig unter Tränen bitten und rufen, man möchte uns doch auftun – und jener geriete in Wut und schriee: ›Die frechen Burschen, die unverschämten Kerle! Ich will euch heimleuchten!‹ und nun käme er mit dem Knüppel und packte uns an der Kapuze und schlüge uns, daß wir nur so in Dreck

und Schnee herumtaumelten, und versetzte uns Streich über Streich – dann, wenn wir all die Unbill und Kränkung und Schläge mit Freude trügen, im Gedanken, daß wir die Peinen Christi, des Hochgebenedeiten, mit aller Geduld ertragen und auf uns nehmen sollen: o Bruder Leo, dann!
Denn über alle Gnadengaben des Heiligen Geistes, die Christus seinen Freunden je gewährte oder gewährt, ist diese: sich selbst besiegen und gern um Christi willen, aus Liebe zu Gott, Entehrung und Kränkung tragen. In allen andern aufgezählten Gaben, so wunderbar sie seien, können wir uns nicht rühmen: sie gehören nicht uns, sondern Gott. ›Oder was hast du, das du nicht empfangen hättest? Hast du es aber empfangen, was rühmst du dich, als hättest du's nicht empfangen?‹ (1 Kor. 4,7). Im Kreuz der Trübsal und Heimsuchung aber, da mögen wir uns rühmen: das gehört uns – weshalb der Apostel sagt: ›Mir sei es ferne, mich zu rühmen, außer im Kreuz des Herrn‹« (Gal. 6,14).

JOHNSON GNANABARANAM

Gebet eines indischen Dorfchristen nach dem Besuch in der Stadt

Ich klage nicht darüber,
daß hier keine elektrischen Lampen leuchten.
Aber ich danke Dir, mein Herr,
für die glänzenden Sterne und den goldenen Mond.

Ich klage nicht darüber,
daß ich hier keine Oper besuchen kann.
Aber ich danke Dir, mein Herr,
für das Konzert der Vögel in den Bäumen.

Ich klage nicht darüber,
daß es hier weder Museen noch Denkmäler gibt.
Aber ich danke Dir, mein Herr,
für die Schmetterlinge, die mit den Waldblumen spielen.

Ich klage nicht darüber,
daß wir hier keine Wasserleitung haben.
Aber ich danke Dir, mein Herr,
für den sprudelnden Wasserfall und den Monsunregen.

Ich klage nicht darüber,
daß ich nicht in einem Bungalow wohne.
Aber ich danke Dir, mein Herr,
für die Bambuspflanzen, aus denen ich meine Hütte bauen kann.

Ich klage nicht darüber,
daß ich nicht in einem weichen Bett schlafen kann.
Aber ich danke Dir, mein Herr,
für das weiche Gras, auf dem ich bequem liege.

Ich klage nicht darüber,
daß es hier kein Telefon gibt.
Aber ich danke Dir, mein Herr,
daß ich für meine Freunde beten darf.

Ich klage nicht darüber,
daß hier kein Gasthaus steht.
Aber ich danke Dir, mein Herr,
daß die Menschen, meine Nachbarn, gastfreundlich sind.

Ich klage nicht darüber,
daß hier keine großen Philosophen leben.
Aber ich danke Dir, mein Herr,
daß wir an Dich glauben können.

Ich klage nicht darüber,
daß wir hier keine großen Pläne für die Zukunft haben.
Aber ich danke Dir, mein Herr,
daß wir auf Dich hoffen dürfen.

Ich klage nicht darüber,
daß wir hier ungebildet und arm sind.
Aber ich danke Dir, mein Herr,
daß Du uns reich machtest, andere zu lieben.

JEWGENIJ JEWTUSCHENKO

In Zeitnot geraten

In Zeitnot geraten, wie in ein Netz,
ist der Mensch,
atemlos hetzt er durch sein Leben und wischt sich den Schweiß.
Ein Fluch des Jahrhunderts ist diese Eile.

Es wird ganz eilig gezecht und ganz eilig geliebt,
ganz tief sinkt die Seele dabei –
man martert ganz eilig, vernichtet ganz eilig,
ganz eilig sind später Reue und Buße vorbei.

Du aber wenigstens, halt inne in deiner Welt,
sei's, wenn sie schläft, sei's, wenn sie tobt:
wie ein Pferd, den Huf vor dem Abgrund,
witternd zurückweicht und bebend zum Stehen kommt!

Auf halbem Wege wenigstens bleib stehen,
dem richtenden Himmel vertraue dich an,
denke nach, besinne dich – wenn nicht über Gott –,
so doch wenigstens ganz einfach über dich selbst.

Wenn alte Blätter im Herbst unter deinen Füßen rascheln,
wenn die Lokomotive heiser schrillt auf deiner Fahrt –
begreife, wie kläglich der ist, der dahineilt ohne Besinnung,
wie groß der ist, der innehalten konnte.

Den Staub aller Eitelkeiten fege ab,
die Ewigkeit laß dir endlich wieder in den Sinn kommen –
und die Unschlüssigkeit, das heilige Zögern
wird sich wie Blei in deine Glieder gießen.

In deinem Zögern – da liegt eine Kraft, ist eine Stärke,
wenn du nicht zu entschließen vermagst,
den falschen Weg wahllos zu gehen,
vorwärtszueilen nach Lügenlichtern. –

Halt ein, bleib stehen, der du wie auf fallendem Laub
über Gesichter stampfst und sie nicht ansiehst!
Blind bist du, ganz blind durch den Irrsinn der Eile –
töte nicht durch sie deine einzige Chance, jetzt innezuhalten.

Schreitest du tapfer drauflos auf dein Ziel
über die Leiber, als seien es Stufen,
halt ein, bleib doch stehen – du hast Gott vergessen
und schreitest ja über dich selbst hinweg!

Stößt und treibt dich die Wut,
deine eigene Seele zu vergessen,
zur Ehrlosigkeit der Kugel, zum ehrlosen Wort –
sei jetzt nur nicht eilig – vollbringe es nicht – sprich's nicht aus!

Halt inne, der du wie ein Blinder dahingehst,
schau, sieh allerorten die Leute auf Erden!
Pfeifende Kugel, erstirb doch im Fluge,
erstirb in der Luft doch, du schreckliche Bombe!

O Mensch, dein Name ist geheiligt,
betend richte die Augen empor,
und mitten im Zerfall, in Entartung und Schande
halt inne – halt – bleib doch stehen!

Herr, gib mir die Kraft zu ändern, was geändert werden muß. Gib mir Gelassenheit hinzunehmen, was nicht zu ändern ist. Gib mir die Weisheit, daß ich beides unterscheiden kann.

Friedrich Christoph Oetinger

VII

Einsamkeit, Enttäuschung, Schuld

Gewiß ist, daß wir immer in der Nähe und unter der Gegenwart Gottes leben dürfen und daß dieses Leben für uns ein ganz neues Leben ist; daß es für uns nichts Unmögliches mehr gibt; daß keine irdische Macht uns anrühren kann ohne Gottes Willen und daß Gefahr und Not uns nur näher zu Gott treiben. Gewiß ist, daß wir nichts zu beanspruchen haben und doch alles erbitten dürfen. Gewiß ist, daß im Leiden unsere Freude, im Sterben unser Leben verborgen ist. Gewiß ist, daß wir in dem allen in einer Gemeinschaft stehen, die uns trägt. Zu alldem hat Gott in Jesus Ja und Amen gesagt. Dieses Ja und Amen ist der feste Boden, auf dem wir stehen. *Dietrich Bonhoeffer*

Die Zeit vergeht; sie kehrt nicht zurück.
Gelegenheiten kommen nicht wieder.
Gott wollte mich zum Zeugen Seiner Herrlichkeit:
Ich sollte den Menschen ein Licht sein,
daß sie Ihn rühmten.
Er wollte meine Stille, meine ruhige Gelassenheit.
Freundlich sollte ich gegen meine Mitmenschen sein,
sollte vergeben und vergessen,
ermutigen und ermahnen,
dienen und helfen.
Er wollte mich als Gärtner für Seinen Garten,
zum Pflanzen und Jäten, zum Hegen und Pflegen.
Ich sehe zurück, und mich schaudert.
Der Herr fragt mich nach meinem Tun,
und ich zittere.
Ich verberge mein Gesicht und stehle mich fort,
denn ich kann Ihm nicht ins Antlitz blicken.
Er aber ermutigt mich.
Er nimmt mich bei der Hand und sagt:
»Mein Sohn, du bist und bleibst mein Kind.« *M. A. Thomas*

Abbas Antonius sagte: »Von unserm Nächsten kommt Leben und Tod. Wenn wir nämlich den Bruder gewinnen, gewinnen wir Gott; wenn wir aber dem Bruder ein Ärgernis geben, so sündigen wir gegen Christus.« *Apophthegmata Patrum*

ANTOINE DE SAINT-EXUPERY

Gebet der Einsamkeit

Erbarme Dich meiner, o Herr, denn meine Einsamkeit lastet auf mir. Es gibt nichts, auf das ich wartete. Hier bin ich in dieser Kammer, in der nichts zu mir spricht. Und doch wünsche ich nicht die Gegenwart der Menschen herbei, denn ich weiß mich noch verlorener, wenn ich in der Menge untertauche. Aber sieh jene andere, die mir gleicht und die sich in eben solch einer Kammer befindet und sich doch glücklich fühlt, wenn die Menschen, denen ihre Zärtlichkeit gehört, anderswo im Hause geschäftig sind. Sie hört sie nicht und sieht sie nicht. Sie empfängt nichts von ihnen im Augenblick. Aber um glücklich zu sein, genügt es ihr zu wissen, daß ihr Haus bewohnt ist.
Herr, auch ich erwarte nicht etwas, das ich sehen oder hören könnte. Deine Wunder sind nicht für die Sinne. Doch um mich zu heilen, genügt es, wenn Du meinen Geist erleuchtest, so daß ich mein Heim verstehe.
Wenn der Wanderer in seiner Wüste einem bewohnten Hause angehört, so freut er sich dessen, obwohl er weiß, daß es am anderen Ende der Welt liegt. Keine Entfernung hält ihn davon ab, sich von ihm nähren zu lassen, und wenn er stirbt, stirbt er in der Liebe ...
Ich erwarte also nicht einmal, Herr, daß mein Heim mir nahe sei.
Sieh den Spaziergänger, dem in der Menge ein Gesicht auffällt. Er verwandelt sich, selbst wenn das Gesicht für ihn nicht bestimmt ist. So geht es jenem Soldaten, der in die Königin verliebt ist. Er wird Soldat einer Königin. Ich erwarte also nicht einmal, Herr, daß jenes Heim mir verheißen sei.

Auf den weiten Meeren gibt es glühende Schicksale, die sich einer gar nicht vorhandenen Insel geweiht haben. Sie singen, während sie auf dem Schiffe sind, die Hymne der Insel und fühlen sich glücklich dabei. Nicht die Insel ist es, die sie glücklich macht, sondern der Gesang. Ich erwarte also nicht einmal, Herr, daß jenes Heim überhaupt bestehe...

Die Einsamkeit, Herr, ist nur Frucht des Geistes, wenn er krank ist. Er bewohnt nur ein Vaterland, das der Sinn der Dinge ist. So ist es mit dem Tempel, wenn er Sinn der Steine ist. Nur für diesen Raum hat der Geist Flügel. Er freut sich nicht über die Dinge, sondern allein über das Gesicht, das man durch sie hindurch erkennt und das sie miteinander verknüpft. Gib nur, daß ich zu erkennen lerne.

Dann, Herr, wird meine Einsamkeit überstanden sein.

ARTHUR SCHNITZLER

Der Sohn

Aus den Papieren eines Arztes

Ich sitze noch um Mitternacht an meinem Schreibtisch. Der Gedanke an jene unglückliche Frau läßt mich nicht zur Ruhe kommen... Ich denke an das düstere Hofzimmer mit den altertümlichen Bildern; an das Bett mit dem blutgeröteten Polster, auf dem ihr blasser Kopf mit den halbgeschlossenen Augen ruhte. Ein so trüber Regenmorgen war es überdies. Und in der andern Zimmerecke, auf einem Stuhle, die Beine übereinander geschlagen, mit trotzigem Gesichte, saß er, der Unselige, der Sohn, der das Beil gegen das Haupt der Mutter erhoben... Ja, es gibt solche Menschen, und sie sind nicht immer wahnsinnig! Ich sah mir dieses trotzige Gesicht an, ich versuchte darin zu lesen. Ein böses, bleiches Antlitz, nicht häßlich, nicht dumm, mit blutleeren Lippen, die Augen verdüstert, das Kinn in dem zerknitterten Hemdkragen vergraben, um den Hals eine flatternde Binde, deren eines Ende er zwischen den schmalen Fingern hin und her drehte. – So wartete er auf die Polizei, die ihn wegführen sollte. Unterdessen stand einer, der Acht hatte, vor der Türe draußen. Ich hatte die Schläfe der unglücklichen Mutter verbunden; die Arme war bewußtlos. Ich verließ sie, nachdem eine Frau aus der Nachbarschaft sich erboten, bei ihr zu wachen. Auf der Stiege begegneten mir die Gendarmen, welche den Muttermörder abholen kamen. Die Bewohner des Vorstadthauses waren in heftiger Erregung; vor der Wohnungstüre standen sie in Gruppen und besprachen das traurige Ereignis. Einige fragten mich auch, wie es da oben stehe und ob Hoffnung für das Leben der Verletzten vorhanden sei. Ich konnte keine bestimmte Antwort geben.

Eine mir bekannte, nicht mehr ganz junge Person, die Frau eines kleinen Beamten, zu dem ich früher als Arzt gekommen war, hielt mich etwas länger auf. Sie lehnte am Stiegengeländer und schien ganz vernichtet. »Das ist noch weit schrecklicher, als Sie denken, Herr Doktor!« sagte sie, den Kopf schüttelnd. – »Noch schrecklicher?« fragte ich. – »Ja, Herr Doktor! – Wenn Sie wüßten, wie sie ihn geliebt hat!« – »Sie hat ihn geliebt?« – »Ja, sie hat ihn verwöhnt, verzärtelt.« – »Diesen Burschen!? Und warum?« – »Ja, warum!... Sehen Sie, Herr Doktor, der Junge war ungeraten von Kindesbeinen auf. Aber alles ließ sie ihm hingehen ... die schlimmsten Streiche verzieh sie ihm ... Wir im Hause mußten sie oft warnen, der Tunichtgut betrank sich schon als Knabe, und erst als er älter wurde ... diese Geschichten!« – »Was für Geschichten?« – »Für kurze Zeit war er in einem Geschäft, aber er mußte wieder weg!« – »Er mußte?« »Ja, er stellte alles mögliche an; er bestahl sogar seinen Dienstherrn ... Die Mutter ersetzte das Geld, die arme Frau, die kaum selbst zu leben hatte!« –

»Was ist sie denn eigentlich?«

»Sie nähte und stickte; es war ein recht karges Auskommen. Und der Junge, statt sie zu unterstützen, trug ihr das bißchen, was sie verdiente, ins Wirtshaus und weiß Gott wohin. Damit war's aber nicht genug. Das Eßzeug, zwei, drei Bilder, die Wanduhr, fast alles, was nicht angenagelt war, wanderte ins Leihhaus ...!« –

»Und sie hat es geduldet?«

»Geduldet?! – Sie liebte ihn immer mehr! Wir alle haben es nicht begriffen... Und nun wollte er Geld... Sie gab ihm, was sie hatte... Er drohte ihr, er mußte Geld haben!« –

»Woher wissen Sie das alles?«

»Man erfährt das so im Hause. Sein Schreien hörte man oft durchs Stiegenhaus, und wenn er in der Nacht oder auch bei Tag betrunken nach Hause kam, fing er schon bei der Türe an, zu brummen und zu schelten. Die arme Frau hatte Schulden überall: es gab manchmal kein Brot da oben ... Wir im Hause halfen ihr manchmal aus, obwohl es unter uns keine Reichen gibt. Aber es wurde nur ärger. Sie schien ganz verblendet zu sein. Alles hielt sie für Jugendstreiche; sie bat uns manchmal um Entschuldigung, wenn der Bursch in der Nacht über die Stiege torkelte und Lärm machte. Ja, so ein Sohn war das, Herr Doktor. – Aber daß es so weit gekommen ist...« Und nun erzählte sie mir die ganze Geschichte. »Er kam heute erst früh am Morgen heim; ich hörte ihn hier vor unserer Wohnung über die Stufen stolpern. Dabei sang er etwas mit seiner heiseren Stimme. Nun, und oben wird er wieder Geld verlangt haben. Die Türe hat er offengelassen – bis zu uns herab... denken Sie, vom vierten bis in den zweiten Stock – hörte man sein Toben. Und dann plötzlich ein Schrei. Noch ein Schrei. Da stürzten die Leute hinauf, und da sah man's. Er aber soll ganz verstockt dagestanden sein und die Achseln gezuckt haben...!«

Ich ging. Hinter mir hörte ich schwere Schritte. Man führte den Muttermörder davon. In den Gängen standen Männer, Weiber und Kinder, sie starrten nach; keiner sprach ein Wort. Ich hatte mich im Flur umgewandt, stieg die Treppe hinab, schritt aus dem Hause und ging in einer sehr trüben Stimmung daran, mein übriges Tagewerk zu vollbringen. Kurz nach Mittag kehrte ich in das Unglückshaus zurück; ich fand die Verletzte, wie ich sie verlassen, bewußtlos, ziemlich schwer atmend. Die Wartefrau erzählte mir, daß unterdessen die Gerichtskommission dagewesen und den Tatbestand aufgenommen habe. Es war so dunkel in dem Zimmer, daß ich eine Kerze anzünden und auf das Nachttischchen am Kopfende des Bettes stellen ließ ... Welch ein unendliches Leiden lag auf diesem sterbenden Antlitz... Ich richtete eine Frage an die Kranke. Sie wurde unruhig, stöhnte und öffnete die Augen ein wenig. Zu sprechen vermochte sie nicht. Nachdem ich das Nötige verordnet, entfernte ich mich ... Abends, als ich hinaufkam, schien sich die arme Frau etwas wohler zu befinden. Sie antwortete auf meine Frage, wie es ihr gehe: »Besser ...«, und versuchte zu lächeln. Gleich aber versank sie wieder in die frühere Bewußtlosigkeit ... Sechs Uhr morgens! –

Nach Mitternacht – eben als ich die letzte Zeile in mein Tagebuch eingetragen – wurde heftig geklingelt ... Frau Martha Eberlein – dies war der Name der Schwerverletzten – verlangte nach mir. Irgendein Junge aus dem Hause war hergeschickt worden; ich sollte gleich zu ihr, gleich, gleich ... Ob sie im Fieber liege, ob es zu Ende gehe ...? Er wußte nichts; jedenfalls sei es dringend.

Ich folgte dem Jungen auf dem Fuße, und mit meiner chirurgischen Handtasche versehen, eilte ich die Treppe des Hauses hinauf, während der Junge unten stehenblieb, ein Wachsstöckchen in der Hand haltend, um mir zu leuchten. Die letzten Stufen lagen schon tief im Dunkel, nur am Anfang des Weges geleitete mich ein matter, flackernder Schein. Doch aus der halboffenen Wohnungstür der Kranken fiel mir ein Lichtstreif entgegen. Ich trat ein und durch den Vorraum, der auch die Küche vorstellte, in das Hofzimmer. Die Wartefrau war aufgestanden, als sie meine Schritte hörte, und kam mir entgegen. »Was gibt's?« flüsterte ich ... »Sie will Sie durchaus sprechen, Herr Doktor!« sagte das Weib.

Ich stand schon beim Bette; die Kranke lag regungslos da; ihre Augen waren weit geöffnet; sie sah mich an. Leise sagte sie: »Danke, Herr Doktor – danke!« – Ich ergriff ihre Hand; der Puls war nicht gerade schlecht. Ich schlug den fröhlichen Ton an, den wir ja immer in der Kehle haben müssen, auch wenn es uns nicht danach zumute ist. »Also, besser geht es, wie ich sehe, Frau Eberlein, das ist sehr erfreulich!«

Sie lächelte. »Ja, besser – und ich habe mit Ihnen zu sprechen ...«

»So?« fragte ich – »lassen Sie hören!«

»Mit Ihnen allein!« –

»Ruhen Sie eine Weile aus!« wandte ich mich an die Wartefrau.

»Draußen!« sagte die Kranke.

Die Wartefrau sah mich noch einmal fragend an, worauf sie ging, die Türe leise hinter sich schließend. Ich war allein mit der Kranken.

»Bitte!« sagte diese, mit den Augen auf einen Stuhl weisend, der am Fußende des Bettes stand. Ich ließ mich nieder, ihre Hand in der meinen behaltend, und rückte näher, um sie besser verstehen zu können.
Sie sprach ziemlich leise. »Ich war so frei, Herr Doktor«, begann sie – »denn es ist sehr notwendig, daß ich Sie spreche!«
»Was wünschen Sie, meine Liebe?« fragte ich ... »Strengen Sie sich nur nicht allzusehr an!«
»O nein ... es sind nur ein paar Worte ... Sie müssen ihn befreien, Herr Doktor!«
»Wen?«
»Meinen Sohn – ihn!«
»Meine liebe Frau Eberlein«, erwiderte ich bewegt ... »Sie wissen wohl, das steht nicht in meiner Macht!«
»Oh, es steht in Ihrer Macht, wenn es eine Gerechtigkeit gibt ...«
»Ich bitte Sie recht sehr ... versuchen Sie sich nicht aufzuregen ... Ich fühle wohl, daß Sie mich für Ihren Freund halten, und ich danke Ihnen dafür; ich bin aber auch Ihr Arzt und darf Ihnen ein bißchen befehlen. Nicht? – Also Ruhe! Vor allem Ruhe!«
»Ruhe ...«, wiederholte sie, und schmerzlich zuckte es ihr um Augen und Mund ... »Herr Doktor – Sie müssen mich anhören ... es lastet so schwer auf mir!«
Auf meinem schweigenden Antlitz glaubte sie eine Aufforderung zum Sprechen zu lesen, und meine Hand drückend, begann sie:
»Er ist unschuldig – oder doch weniger schuldig, als es die Leute ahnen können. Ich bin eine schlechte, eine elende Mutter gewesen ...«
»Sie?«
»Ja, ich ... eine Verbrecherin war ich!«
»Frau Eberlein!«
»Gleich werden Sie mich verstehen ... Ich bin nicht Frau Eberlein ... ich bin Fräulein Martha Eberlein ... Man hält mich nur für eine Witwe ... Ich habe nichts dazu getan, um die Leute zu täuschen, aber ich konnte diese alten Geschichten doch nicht jedermann erzählen ...«
»Nun ja, ... das darf Sie doch heute nicht mehr so entsetzlich quälen!«

»O, nicht das! Es sind zwanzig Jahre, daß ich verlassen wurde... verlassen, noch bevor er zur Welt kam, er, mein und sein Sohn. Und da... es ist nur der reine Zufall, daß er lebt, denn, Herr Doktor... ich hab' ihn umbringen wollen in der ersten Nacht!... Ja, schaun Sie mich nur so an!... Allein und verzweifelt stand ich da... Aber ich will mich nicht reinwaschen... Ich nahm Decken und Linnenzeug und legte es über ihn und dachte, er werde erstikken... Dann in der Früh' nahm ich furchtsam die Decken wieder weg... und er wimmerte! Ja, er wimmerte – und atmete – und lebte!«

Sie weinte, die arme Frau. Mir selber versagten die Worte. Sie aber fuhr nach einem kurzen Schweigen fort:

»... Und er sah mich an mit großen Augen und wimmerte in einem fort! Und ich, vor diesem kleinen Ding, das noch keinen Tag alt war, mußte ich erbeben... Ich weiß noch genau, daß ich es vielleicht eine Stunde lang anstarrte und dachte: Welch ein Vorwurf liegt in diesen Augen! Und vielleicht hat es dich verstanden und klagt dich an! Und vielleicht hat es ein Gedächtnis und wird dich immer, immer anklagen... Und es wurde größer, das kleine Ding – und in den großen Kinderaugen immer derselbe Vorwurf. Wenn es mir mit den Händchen ins Gesicht fuhr, dachte ich: Ja, ...es will dich kratzen, es will sich rächen, denn es erinnert sich an jene erste Nacht seines Lebens, wo du es unter Decken vergrubst...! – Und er begann zu lallen, zu sprechen. Ich hatte Angst vor dem Tage, wo er wirklich würde sprechen können. Aber das kam so allmählich – so allmählich. – Und immer wartete ich – immer, wenn er den Mund aufmachte, wartete ich: jetzt wird er es dir sagen. Ja, ja, er wird es dir sagen, daß er sich nicht täuschen läßt, daß all die Küsse, all die Liebkosungen, all die Liebe dich nicht zur wahren Mutter machen können. Er wehrte sich, er ließ sich nicht küssen, er war ungebärdig, er liebte mich nicht... Ich ließ mich schlagen von dem fünfjährigen Buben, und auch später noch ließ ich mich schlagen und lächelte... Ich hatte eine wahnsinnige Sehnsucht, meine Schuld loszuwerden, und wußte doch, daß es nimmer ginge! Konnt' ich's denn jemals sühnen?... Und wenn er mich ansah, immer mit denselben fürchterlichen Augen...! Als er älter wurde, in die Schule ging, da wurde es mir vollends klar, daß er mich durchschaute ... Und alles nahm ich reuig hin ... Ach, er war kein gutes Kind ... aber ... ich konnte ihm nicht böse sein! Böse! O, ich liebte ihn, liebte ihn bis zum Wahnsinn ... Und mehr als einmal sank ich hin vor ihn, küßte seine Hände – seine Knie – seine Füße! – Oh, er verzieh mir nicht. – Kein Blick der Liebe, kein freundliches Lächeln ...! Er wurde zehn, zwölf Jahre alt; er haßte mich! – In der Schule tat er kein gut ... Eines Tages kam er nach Hause mit trotzigen Worten: ›Es ist aus mit der Schule, sie wollen mich dort nicht mehr haben ...‹ Oh, wie ich damals erbebte, ich wollte ihn ein Handwerk lernen lassen – ich bat, ich flehte – er blieb starr – er wollte nichts von der Arbeit wissen. Er trieb sich herum ... Was konnte ich ihm sagen – was ihm vorwerfen! ... Ein Blick von ihm machte all meinen Mut zunichte ... Wie zitterte ich vor dem Tage, wo er mir's ins Gesicht sagen würde: ›Mutter, Mutter! Du hast das Recht auf mich verwirkt!‹ – Aber er sprach es nicht aus ... Manchmal, wenn er trunken nach Hause kam, dachte ich: Nun wird ihm der Rausch die Zunge lösen ... Aber nein ... Da fiel er auch zuweilen hin und lag auf dem Boden bis in den hellen Mittag. Und wenn er dann erwachte und ich neben ihm saß, blickte er mich an mit Hohn ... mit einem verständnisvollen Lächeln um die Lippen, ungefähr, als wollte er sagen: Wir wissen ja, woran wir sind ...! Und Geld brauchte er, viel Geld, ich mußte es schaffen ... Aber es ging doch nicht immer so, wie er wollte, und dann wurde er böse, bitterböse – oft hob er die Hand auf gegen mich ... Und wenn ich müd aufs Bett gesunken war, stand er vor mir, wieder mit dem höhnischen Lachen, das bedeutete: Nein, den Gnadenstoß geb' ich dir nicht! ... Heute morgen endlich – polternd kam er herauf – ›Geld! Geld!‹ – Ja, um Gottes willen, ich hatte keines! – ›Wie? keines?‹ – Und ich beschwor ihn, er solle warten bis zur nächsten Woche, bis morgen, bis heut abend! Nein! Ich mußte ihm Geld geben – ich hatte es versteckt –, er schrie und suchte und riß die Kästen auf und das Bett ... und fluchte ... Und dann ... und dann ...«

Nun hielt sie inne ... Nach einer Sekunde sagte sie: »Und war es nicht sein Recht?«

»Nein!« sagte ich ... »Nein, Frau Eberlein! ... Sie waren längst Ihrer Schuld ledig. Ihre tausendfältige Güte hat die Verwirrung eines Momentes, in dem ein Wahn Sie gefangen hielt, längst gesühnt! ...«

»Nein, Herr Doktor!« erwiderte sie – »kein Wahn! Denn ich erinnere mich allzu deutlich jener Nacht... ich war nicht wahnsinnig, ich wußte, was ich wollte! ... Und darum, Herr Doktor, gehen Sie vors Gericht, und erzählen Sie, was Sie hier von mir gehört; man wird ihn freilassen, man muß es tun ...!«

Ich sah, daß ich hier schwer ankämpfen konnte. »Nun« – meinte ich – »wir sprechen morgen noch davon, Frau Eberlein – für heute tut ihnen Ruhe not... Sie haben sich allzusehr angestrengt ...!«

Sie schüttelte den Kopf.

»Herr Doktor! – Der Wunsch einer Sterbenden ist heilig... Sie müssen es mir versprechen!«

»Sie werden nicht sterben – Sie werden sich erholen.« –

»Ich werde sterben – denn ich will es... Werden Sie zu Gericht gehen ...?«

»Vor allem fügen Sie sich mir, und denken Sie, daß ich Ihr Arzt bin! Ich befehle Ihnen jetzt, zu schweigen und zu ruhen.« – Damit war ich aufgestanden und rief die Wartefrau herein. Aber Frau Eberlein ließ meine Hand nicht los, die ich ihr zum Abschied reichte – eine Frage glühte in ihren Augen.

»Ja!« sagte ich.

»Ich danke Ihnen!« erwiderte sie. Dann gab ich der Wärterin die nötigen Anordnungen und entfernte mich mit dem Vorsatze, morgen mit dem frühesten wiederzukommen...

Am Morgen fand ich die Kranke bewußtlos; zu Mittag war sie tot... Noch liegt ihr Geheimnis in mir, in diesen Blättern verborgen, und es steht mir frei, ihren letzten Wunsch zu erfüllen oder nicht. Ob ich zu Gericht gehe oder nicht – für den elenden Sohn dieser unseligen Mutter ist es dasselbe! Kein Richter der Welt wird die Verirrung der Mutter als mildernden Umstand für das todeswürdige Verbrechen des Sohnes gelten lassen. Der Sühne mehr als genug für diese unglückliche Mutter war der Wahn, in den Augen ihres Sohnes einen ewigen Vorwurf, eine stete Erinnerung an jene entsetzliche Nacht sehen zu müssen. –

Oder sollte es möglich sein? Bleiben uns selbst von den ersten Stunden unseres Daseins verwischte Erinnerungen zurück, die wir nicht mehr deuten können und die doch nicht spurlos verschwinden? – Ist vielleicht ein Sonnenstrahl, der durchs Fenster fällt, die allererste Ursache eines friedlichen Gemütes? – Und wenn der erste Blick der Mutter uns mit unendlicher Liebe umfängt, schimmert er nicht in den blauen Kinderaugen süß und unvergeßlich wider? – Wenn aber dieser erste Blick ein Blick der Verzweiflung und des Hasses ist, glüht er nicht mit zerstörender Macht in jene Kinderseele hinein, die ja tausenderlei Eindrücke aufnimmt, lange bevor sie dieselben zu enträtseln vermag? Und was mag sich in dem Empfindungskreise eines Kindes abspielen, dessen erste Lebensnacht in schauerlicher unbewußter Todesangst dahingegangen? Niemals noch hat ein Mensch von seiner ersten Lebensstunde zu berichten gewußt, und keiner von euch – so könnte ich ja den Richtern sagen – kann wissen, was er von dem Guten und Schlechten, das er in sich trägt, dem ersten Lufthauche, dem ersten Sonnenstrahl, dem ersten Blick der Mutter zu danken hat! – Ich werde zu Gericht gehen; nun habe ich mich dazu entschlossen, denn mich dünkt, es ist noch lange nicht klar genug, wie wenig wir wollen dürfen und wieviel wir müssen.

HERR, DU weißt es besser als ich, daß ich älter werde
und mit der Zeit alt sein werde.
Bewahre mich davor, redselig zu werden oder gar zu denken,
ich müsse bei jeder Gelegenheit und zu jedem Thema etwas sagen.
Erlöse mich von dem Drang, jedermanns Angelegenheiten
in Ordnung bringen zu müssen.
Befreie meine Rede von unnützer Aufzählung endloser Einzelheiten, verleih mir die Gabe, ein Ende zu finden.
Gib mir Geduld, die Klagen anderer über ihre Sorgen anzuhoren;
hilf mir, auf sie einzugehen und Teilnahme zu zeigen.
Aber verschließe meine Lippen vor meinen eigenen Nöten
und Schmerzen.
Mit den Jahren nehmen sie zu, ebenso wie die Neigung,
über sie zu reden.

Gib mir die wertvolle Einsicht,
daß es gelegentlich auch vorkommen kann,
daß ich mich im Irrtum befinde.
Erhalte mich umgänglich und freundlich.
Eine Heilige will ich gar nicht werden, denn diese sind für
andere oft schwer zu ertragen;
aber verbitterte alte Leute sind die schlimmste Plage.
Mache mich nachdenklich, aber nicht launenhaft;
hilfreich, aber nicht herrisch.
Es ist oft schwer, nicht immer alle an dem großen Schatz
meiner Weisheit teilnehmen lassen zu können –
aber DU, HERR, weißt, daß ich mir doch noch einige Freunde
bis an mein Ende erhalten möchte.

Gebet einer Äbtissin

ERNST KÄSEMANN

Aktion

Die passiven, träumenden,
klagenden,
nicht ständig zur Jüngerschaft
herausgeforderten Christen
sind eine Schande ihres Herrn.
Bloße Pflichttreue aber ist
viel zu wenig,
weil Fröhlichkeit
in unseren Dienst gehört
und Phantasie,
welche in erfinderischer Liebe
sich dauernd
etwas einfallen läßt,
und die Zivilcourage derer,
die aus dem Troß
nach vorne stoßen

und sich dem Strom
der Zeit gegenüber
fast stets auf seiten
der allergetreuesten
Opposition befinden.
Das Kreuz revolutioniert
die Herzen und Gedanken,
und keinem,
der davon nichts verspüren läßt,
ist zu glauben,
daß er auf die Auferweckung
von den Toten hofft.

Herr, ich möchte lieben,
Ich muß lieben.
Mein ganzes Wesen ist ein einziges Verlangen:
Mein Herz,
Mein Leib,
sie sehnen sich in der Nacht nach einem Unbekannten, den sie lieben können.
Meine Arme greifen in die Luft, und ich kann nichts fassen, was Gegenstand meiner Liebe wäre.
Ich bin allein und möchte zu zweien sein.
Ich rede, und niemand ist da, um mir zuzuhören.
Ich lebe, und niemand ist da, um mein Leben zu ernten.
Warum bin ich reich, da ich niemanden habe, um ihn reich zu machen?
Woher kommt diese Liebe?
Wohin geht sie?
Herr, ich möchte lieben,
Ich muß lieben.
Herr, da hast Du, heute abend, meine ganze unerfüllte Liebe.

Michel Quoist

GOTT RUFT KAIN

Als Gott mich suchte, traf er mich
nicht auf dem acker
als gott mich suchte, traf er mich
beim zeitungslesen
er kam ganz schwarz – es war ein
kohlenpacker
er sprach: was ist mit Abel gestern
losgewesen
ich sagte: ich hab nichts gelesen
er sprach: der mensch lebt nicht von
zeitung und von essen
ich sagte: sondern vom vergessen
er sprach: was glaubst du – hast du
ein ewiges gesicht?
ich sagte: manchmal glaube ich
manchmal nicht
er sprach: und weißt von nichts und
hörtest keinen schrei
ich sagte: ich hörte wohl – ich ging
vorbei

Christa Reinig

Herr, im Lichte deiner Wahrheit erkenne ich, daß ich gesündigt habe in Gedanken, Worten und Werken. Dich, meinen Gott und Heiland, soll ich über alles lieben, aber ich habe mich selbst mehr geliebt als dich. Du hast mich in deinen Dienst gerufen, aber ich habe die Zeit vertan, die du mir anvertraut hast. Du hast mir meinen Nächsten gegeben, ihn zu lieben wie mich selbst, aber ich erkenne, wie sehr ich versagt habe in Selbstsucht und Trägheit des Herzens. Darum komme ich zu dir und bekenne meine Schuld. Richte mich, mein Gott, aber verwirf mich nicht. Ich weiß keine andere Zuflucht als dein unergründliches Erbarmen. Ich bitte dich: Vergib mir alle meine Sünde.

*

Ich möchte gerne frei sein von meiner Angst, gegen den Strom zu schwimmen, damit ich tun kann, was recht ist.
Ich möchte gerne frei sein von dem Zwang, immer nur an mich selber zu denken, damit ich auch den anderen sehe.
Ich möchte gerne frei sein von meiner Art, den bequemsten Weg zu gehen, damit ich mich mit gutem Gewissen freuen kann über das Erreichte.

*

Ich möchte gerne frei sein von der Lieblosigkeit anderen gegenüber, die mir nicht liegen, damit es mir nachher nicht leid tut.
Ich möchte gerne frei sein von meinem Neid auf jeden, der etwas ist oder hat; denn Neid macht nicht fröhlich.
Ich möchte gerne frei sein von meiner Schuld, die mich immer wieder bedrückt, damit ich neu anfangen kann.
Herr, wenn du mich frei machst, dann bin ich wirklich frei.

Aus der Agende der ev. Kirche von Kurhessen-Waldeck

Die Mischna der Frommen

Eine jüdische Legende

Zu Rabbi Josua ben Levi kam eines Tages ein Flüchtling und sprach: »Die Häscher des Königreichs sind hinter mir, um einer Staatssache willen mein Leben zu nehmen, verbirg du mich und errette mich!« Und Rabbi Josua sah sein gehetztes Angesicht und nahm ihn auf in seinem Haus und verbarg ihn.
Gegen Abend umringten die Häscher die Stadt und sandten einen Boten hinein und ließen sagen: »Der Flüchtling ist in diese Stadt geflohen. Gebt ihn heraus, wo nicht, so soll euer aller Leben für seines büßen.« Da lief das Volk auf dem Markt zusammen, und die Weiber erhoben ihre Stimme in Geschrei, und die Menge brandete um Rabbi Josua, daß er ihnen rate und helfe. Er aber stand bleich und still in ihrer Mitte, als er, das Haupt der Gemeinde, mit dem Boten verhandelte. Und er erbat Bedenkzeit, die ihm gewährt wurde bis zum Morgen. Wenn dann der Flüchtling nicht her-

ausgegeben würde, so sollte die Stadt zerstört und ihre Bewohner sollten getötet werden.
Der Bote ging. Die Straßen der Stadt aber waren voll erregter Menschen, die stritten und jammerten, einer beschuldigte den andern, er halte den Flüchtling verborgen, und sie umdrängten Rabbi Josua mit ihren Klagen. –
Da es Nacht war, saß Rabbi Josua in seiner Stube bei der brennenden Lampe. Vor dem verhüllten Fenster klang noch das Heulen aufgeregter Weiber und das Wimmern unverstehender Kinder, die besinnungslos in das Geschrei der Mütter einstimmten. Im Zimmer war es still. In den Decken des Lagers ruhte der Flüchtling in erschöpftem Schlaf, das Licht der Lampe entdeckte scharfe Schatten in seinem unter Träumen angstvoll zuckenden Gesicht. Rabbi Josua aber saß in Bangigkeit über der schweren Entscheidung, die ihm aufgeladen war, und wußte sich nicht zu helfen. Leben lag in seinen Händen. In der einen dies Gehetzte, das zu ihm geflohen war, in der andern die anvertraute Gemeinde. Durfte er das Vertrauende opfern? Durfte er das Unvertraute in die große Gefahr bringen? Er bebte, daß er nicht mit reinem Herzen die Frage entscheide, an der er selbst so nah beteiligt war. Und er wagte nicht allein zu handeln, zu verantworten die furchtbare Wahl, sondern suchte sich Rat bei den Meistern der Lehre, die vor ihm gewesen waren. Wie die Stunden der Nacht dahingingen und es draußen still wurde, saß er vor der Lampe gebeugt und forschte im Gesetz und in der Mischna; sein Gesicht war gespannt in strengem Aufmerken, und in der lampenhellen geschlossenen Stille klang das Knistern des Papiers und der schwere Herzschlag des Bangenden. Vom Lager aber wehte der gepreßte Atem des Flüchtlings. Und zuletzt fand er in all seinem Suchen ein Wort, das entschied: »Wenn das Leben vieler in Gefahr ist, so darf der Angeklagte ausgeliefert werden.«
Er lehnte sich zurück im Stuhl und atmete tief auf. Hinterm Fenstervorhang graute schon der Morgen. Und er wandte sich ins Zimmer zurück. Das Licht der Lampe, ermattend im beginnenden Dämmern, verwischte im Gesicht des Schlafenden die harten Schatten und ließ es weich und einfach erscheinen, die in den Falten der Decke verkrampften Hände hatten sich gelöst und lagen

sanft und vertrauend geöffnet. Rabbi Josua aber sah mit schlaflos brennenden Augen übergroß die Schrift der Mischna und erkannte nicht die Schrift im Angesicht des Menschen, er beugte sich über das Lager und rüttelte den Schlafenden wach.
Der fuhr auf, in unverstandenes Grauen zurückgestürzt. Und Rabbi Josua sprach mit fliegender Stimme: »Gestern abend waren die Häscher hier und haben gedroht, wenn du bis zum Morgen nicht ausgeliefert würdest, so wollten sie die Stadt zerstören und die Bewohner töten.«
Die Augen des Flüchtlings waren weit aufgerissen in stummer Frage: »Was wirst du tun?«
»Ich bin verantwortlich für die Gemeinde«, antwortete Rabbi Josua tonlos. »Von meiner Hand wird ihr Leben gefordert. Ich aber habe nach bestem Wissen und Gewissen die Mischna durchforscht und habe eine Vorschrift gefunden: wo das Leben vieler in Gefahr steht, darf der Angeklagte ausgeliefert werden.«
Der Flüchtling sank zurück, in der grauen Helle des Morgens der letzten Angst des Todes hingeworfen, und Rabbi Josua sprach hastig weiter: »Entkommen kannst du nicht, denn die Stadt ist von den Häschern umstellt. Ich aber muß dich ausliefern um der vielen Leben willen, die mir anvertraut sind. Auch sonst kann sich niemand deiner annehmen. So erspare mir die letzte Bitterkeit, daß ich Gewalt gegen dich anwende, und liefere dich selbst aus.« Des Lehrers Entschlossenheit aber war größere Gewalt als Faust und Schlag. Der Flüchtling sah die letzte Brücke seiner Rettung brechen.
Vor der Stadt erschollen die Signale der Häscher; heulend vor Angst stürzte das Volk gegen Rabbi Josuas Haus. Und er stand bleich und still in ihrer drängenden Mitte, während der Flüchtling hinausging, sein einziges Leben zu opfern. –
In der nächsten Nacht saß Rabbi Josua wieder still bei der Lampe. Draußen auf der Straße verklang der Jubel des geretteten Volkes, das letzte Lachen der Weiber samt dem unverstehenden Jauchzen der Kinder verhallte hinter Türen. Sein Gesicht war bleich, er wußte seine Gemeinde in Sicherheit und den Flüchtling tot – und wieder prüfte er alles nach, was seinen Entschluß bestimmt hatte. In der lampenhellen, geschlossenen Stille klang nur sein schwerer Herzschlag und das Knistern des Papiers, ohne Atem ruhte das

leere Lager, – Rabbi Josua bangte, seine Glieder unter der Decke zu bergen, darin es noch war wie die letzte Lebenswärme des Geopferten.

Da plötzlich regte sich in der Stille draußen leises Bewegen an der Wand entlang, und die Tür öffnete sich. Rabbi Josua fuhr auf, – doch war es nicht der Flüchtling, der hereingetreten war, der nächtliche Gast war groß und stark, mit langem Bart herabwallend über den rauhen Mantel – es war der Prophet Elia. Da stand Rabbi Josua auf und grüßte ihn mit schweigendem Gruß. Der Prophet aber sah stumm im stillen lampenhellen Zimmer umher, endlich deutete er auf das leere Lager und fragte: »Wo ist der Flüchtling?«

Rabbi Josua erschrak und antwortete hastig: »Die Häscher drohten, wenn er nicht ausgeliefert würde, die ganze Stadt zu zerstören. Ich aber forschte nach bestem Gewissen in der Mischna und fand eine Vorschrift: wo das Leben vieler in Gefahr steht, darf der Angeklagte ausgeliefert werden.«

Der Prophet aber stand, als höre er nicht, und wieder deutete er auf das Lager und fragte: »Wo ist der Flüchtling?« Da sank Rabbi Josua in seinen Stuhl zurück und bedeckte sein Gesicht mit den Händen, denn er konnte vor dem düster forschenden Blick des Propheten nicht bestehen, und er antwortete bebend: »Er ist gegangen, sich selbst auszuliefern, denn ich sprach mit ihm, und ich fand eine Vorschrift in der Mischna ...«

Da trat der Prophet dicht an den Rabbi hin und sprach mit starker Stimme: »Was warst du nicht eingedenk der Mischna der Frommen, die allein in den Herzen der Gerechten geschrieben steht? Bist du darum ein Gerechter ohne Fehl, daß du an den Buchstaben der Vorschrift dich klammerst? Siehe, in der bittersten Not helfen nicht die Meister der Lehre, weder die vorher waren, noch die nachher sein werden, da bist du mit Gott allein und mußt vor ihm erleiden die menschliche Nichtigkeit bis auf den Grund. Wehe dir, daß du geflüchtet bist zu irdischer Hilfe und hast Gottes Angesicht nicht ertragen!«

Und der Prophet wandte sich und ging hinaus ohne Gruß. Rabbi Josuas Kopf aber sank auf den Tisch nieder in bitterster Not, und er erkannte, daß er falsch gewählt hatte.

VIII

Der unscheinbare Dienst

Es kommt nicht darauf an, glücklich zu sein,
sondern andere glücklich zu machen.
Es kommt nicht darauf an, geliebt zu werden,
sondern zu lieben und andern zum Segen zu sein.
Es kommt nicht darauf an, zu genießen,
sondern mitzuteilen.
Es kommt nicht darauf an, was wir sind,
sondern wie wir sind.
Es kommt nicht darauf an, was wir tun,
sondern wie und warum wir es tun.
Es kommt nicht darauf an, daß wir lange leben,
sondern daß unser Leben den rechten Inhalt hat.
Es kommt nicht darauf an, wann wir sterben,
sondern ob wir bereit sind, Gott zu begegnen.

Eva von Tiele-Winckler

Von dem in der Menschheit vorhandenen idealen Wollen kann immer nur ein kleiner Teil zu öffentlich auftretender Tat werden. Allem übrigen ist bestimmt, sich in vielem Unscheinbaren zu verwirklichen, das miteinander einen Wert darstellt, der denjenigen des Tuns, das die Aufmerksamkeit auf sich zieht, tausendfach und abertausendfach übertrifft. Es verhält sich zu ihm wie das tiefe Meer zu den Wellen, die seine Oberfläche bewegen.

Albert Schweitzer

FENELON

Die innere Einfachheit

Hauptsache ist, daß wir uns aufrichtig den Händen Gottes überlassen mit all unserer Sorge um Freude, Wohlergehen und Ansehen. Wer sich in allem auf den schlimmsten Fall einstellt, wer uneingeschränkt annimmt, was Gott ihm an Demütigungen, Schmerzen und Prüfungen – mögen sie von außen oder innen kommen – auferlegt, der wird langsam hart gegen sich selbst: der fürchtet sich nicht mehr davor, keine Anerkennung zu finden oder die Kritik der Mitmenschen nicht vermeiden zu können; der kennt keine weichliche Empfindlichkeit mehr, oder er verachtet und tadelt sie, soweit er solche Reaktionen gegen seinen Willen verspürt. Er schenkt ihr keinerlei Beachtung mehr und behandelt sie so hart, daß sie bald abnimmt. Dieser Zustand der vollen Annahme und der ständigen Einwilligung macht erst die wahre Freiheit aus. Die Freiheit aber bringt als Frucht die vollkommene Einfachheit hervor.

Wenn wir echt in der inneren Einfachheit leben, ist auch unser ganzes äußeres Verhalten unbefangener und natürlicher. Manchmal allerdings erscheint es weniger einfach als ein gewisses Gehabe, das sich gewichtiger und überlegter gibt. Aber das gilt nur für den schlechten Geschmack jener Leute, die die Schaustellung der Bescheidenheit für die Bescheidenheit selbst nehmen und keine Vorstellung von der wahren Einfachheit besitzen. Denn die echte Einfachheit hat gelegentlich den Anschein des Nachlässigen und nicht ganz Geregelten. Aber sie verfügt über einen Sinn für reine Einfalt und Wahrheit, der uns eine unbeschreibliche Unbefangenheit, Sanftheit, Unschuld, Freude und einen unbeschreibbaren Frieden verspüren läßt. Wenn wir sie mit reinen Augen aus der Nähe und eingehend sehen, so entzückt sie uns.

O wie liebenswürdig ist doch diese Einfachheit! Wer wird sie mir schenken? Ich gebe alles für sie auf, denn sie ist die Perle des Evangeliums. Wer gibt sie all denen, die nur noch nach ihr suchen? Weisheit der Welt, du verachtest sie und sie verachtet umgekehrt dich. Aber törichte Weisheit, du wirst erliegen und die Gotteskinder werden jene »Klugheit« verabscheuen, die nach dem Apostelwort »nichts ist als Tod«.

ANTOINE DE SAINT-EXUPERY

Gebet des Herrschers der Stadt in der Wüste

Herr, mein Mantel ist zu kurz, und ich bin ein schlechter Hirte, der sein Volk nicht zu behüten vermag. Ich befriedige die Bedürfnisse der einen und benachteilige dabei die anderen.
Herr, ich weiß, daß jedes Streben schön ist. Das Streben nach Freiheit und das nach Zucht. Das Streben nach Brot für die Kinder und nach dem Opfer des Brotes. Das Streben nach der prüfenden Wissenschaft und nach der geheiligten Ordnung, die vergöttlicht, und nach der Aufspaltung, die ausgleicht. Das Streben nach der Zeit, die das Nachsinnen ermöglicht, und nach der Arbeit, die die Zeit ausfüllt. Das Streben nach der Liebe durch den Geist, der das Fleisch züchtigt und den Menschen wachsen läßt, und nach der Barmherzigkeit, die die Wunden verbindet. Das Streben nach der Zukunft, die es zu bauen, und nach der Vergangenheit, die es zu bewahren gilt. Das Streben nach dem Kriege, der die Samenkörner aussät, und nach dem Frieden, der die Ernte einbringt.
Ich weiß aber auch, daß jene Streitigkeiten nur Streitigkeiten der Sprache sind und daß sie der Mensch jedesmal, wenn er sich aufschwingt, von einer etwas höheren Warte aus sieht. Und dann ist kein Streit mehr.
Herr, leihe mir ein Stück Deines Mantels, damit ich alle Menschen mit der Last ihrer großen Sehnsucht darunter berge! Ich bin es müde, aus Furcht, daß sie mein Werk zerstören, alle die zu erwürgen, die ich nicht zu bedecken vermag. Denn ich weiß, daß sie ihre Mitmenschen und die umstrittenen Wohltaten meiner vorläufigen Wahrheiten gefährden, aber ich weiß zugleich, daß auch sie edel sind und Wahrheiten zu künden haben.
Herr, ich will, daß meine Krieger edel werden, ich will die Schönheit meiner Tempel begründen, gegen die sich die Menschen aus-

tauschen können und die ihrem Leben einen Sinn geben. Doch als ich heute abend in der Einöde meiner Liebe einherging, begegnete ich einem kleinen Mädchen in Tränen. Ich bog seinen Kopf zurück, um in seinen Augen zu lesen. Und sein Kummer hat mich geblendet. Wenn ich es ablehne, Herr, ihn kennenzulernen, lehne ich einen Teil der Welt ab und habe mein Werk nicht vollendet. Es geht nicht darum, daß ich mich von meinen großen Zielen abwende, aber es gilt, dieses kleine Mädchen zu trösten! Denn nur dann geht alles gut in der Welt. Auch das kleine Mädchen ist Sinnbild der Welt.

OSCAR WILDE

Der glückliche Prinz

Auf einer mächtigen Säule, hoch über der Stadt, erhob sich die Statue des glücklichen Prinzen. Sie war über und über mit dünnem Blattgold bedeckt. An Stelle der Augen schimmerten zwei glänzende Saphire, und auf ihrer Schwertscheide leuchtete ein großer roter Rubin.
Alles bestaunte und bewunderte ihn sehr.
»Er ist so schön wie ein Wetterhahn«, äußerte sich einer der Stadträte, der sich bemühte, als kunstverständiger Mann von Geschmack zu gelten. »Nur ist er nicht ganz so nützlich«, fügte er schnell hinzu, denn er fürchtete, man könnte ihn sonst für unpraktisch halten, was er durchaus nicht war.
»Warum bist du nicht auch so wie der glückliche Prinz?« fragte eine geplagte Mutter ihren kleinen Jungen, der weinend nach dem Mond verlangte. »Dem glücklichen Prinzen würde es niemals einfallen, um irgend etwas zu weinen!«
»Ich bin froh, daß es wenigstens einen auf dieser Welt gibt, der vollkommen glücklich ist«, sagte leise ein Enttäuschter und warf einen Blick auf das wundervolle Standbild.
»Er sieht genauso aus wie ein Engel!« meinten die Waisenkinder, als sie in ihren purpurroten Mänteln und den sauberen weißen Schürzchen aus der Kathedrale kamen.

»Wie könnt ihr das wissen?« fragte der Mathematiklehrer, »ihr habt doch noch nie einen gesehen!«
»O doch: im Traum«, entgegneten die Kinder. Da runzelte der Mathematiklehrer die Stirn und machte ein sehr strenges Gesicht, denn er hielt nicht viel von Kinderträumen.
Eines Nachts flog nun ein kleiner Schwälberich über die Stadt. Seine Freunde waren schon vor sechs Wochen nach Ägypten gezogen, aber er war noch zurückgeblieben, weil er sich ganz schrecklich in eine wunderschöne Schilfrispe verliebt hatte.
Zeitig im Frühjahr hatte der Schwälberich die Rispe zum ersten Male erblickt, als er gerade hinter einer dicken, gelben Motte her über den Fluß flog. Er war von der Schlankheit der Rispe dermaßen entzückt gewesen, daß er haltgemacht hatte, um mit ihr zu plaudern.
»Soll ich dich lieben?« fragte der Schwälberich, der immer gleich gerade auf sein Ziel loszugehen pflegte.
Die Schilfrispe machte eine tiefe Verbeugung vor ihm.
So flog er denn immer wieder um die Schlanke herum, berührte das Wasser leicht mit seinen Flügeln und verursachte kleine silberne Wellen darauf. In dieser Weise umwarb er sie nach seiner Art, und das dauerte einen ganzen Sommer lang.
»Ein geradezu lächerliches Verhältnis!« zwitscherten die anderen Schwalben. »Die Schilfrispe hat gar kein Vermögen und viel zu viele Verwandte.«
Tatsächlich war auch der Fluß ganz voller Schilf. Als dann der Herbst kam, flogen alle davon.
Allein gelassen, fing der Schwälberich an, sich einsam zu fühlen, und wurde seiner romantischen Liebe überdrüssig. »Sie kann sich aber auch gar nicht unterhalten!« meinte er bei sich. »Fast fürchte ich, sie ist nur eine Kokette: sie flirtet immer mit dem Wind.«
Wirklich machte auch die Schilfrispe, wenn der Wind blies, stets die anmutigsten Verbeugungen.
»Ich will gern zugeben, daß sie sehr häuslich ist«, fuhr er dann fort: »aber ich liebe nun einmal das Reisen, und meine Frau soll es auch lieben.« »Willst du mit mir fortfliegen?« fragte das Vögelchen endlich die Rispe. Diese aber schüttelte den Kopf: sie hing so sehr an ihrer Heimat.

»Du hast nur mit mir gespielt!« warf ihr da der Schwälberich vor. »Leb wohl! Ich fliege fort zu den Pyramiden.« Damit machte er sich davon.

Den ganzen Tag über flog er, und gegen Abend erreichte er die Stadt.

»Wo soll ich eigentlich absteigen?« fragte er sich. »Ich will nur hoffen, daß die Stadt auch Vorbereitungen getroffen hat.«

Da gewahrte er das Standbild des glücklichen Prinzen auf einer hohen Säule.

»Hier will ich absteigen«, rief er, »es hat eine schöne Lage und viel frische Luft.« Damit ließ er sich gerade zwischen den Füßen des glücklichen Prinzen nieder.

»Ich habe ein goldenes Schlafzimmer«, sagte er hochbefriedigt zu sich selber, während er Umschau hielt und sich anschickte, schlafen zu gehen.

Aber gerade als er seinen Kopf unter den Flügel stecken wollte, fiel ein dicker Regentropfen auf ihn nieder.

»Wie sonderbar!« rief er aus. »Am Himmel ist nicht das kleinste Wölkchen zu sehen, die Sterne leuchten hell, und trotzdem regnet es! Das Klima in diesem nördlichen Europa ist doch wirklich abscheulich! Nun, die Schilfrispe liebte ja den Regen sehr – aber natürlich nur aus Egoismus!«

Wieder fiel ein Tropfen.

»Wozu ist eigentlich solch eine Statue gut, wenn sie nicht einmal den Regen abhalten kann?« ereiferte sich der kleine Vogel. »Ich werde mich lieber nach einem soliden Schornstein umsehen«, und damit wollte er davonfliegen.

Doch bevor er noch seine Flügel ausgebreitet hatte, fiel ein dritter Tropfen. Er schaute hoch und sah – ja was mußte er sehen?

Die Augen des glücklichen Prinzen standen voller Tränen, und Tränen liefen ihm auch über seine goldenen Wangen. So wunderschön war sein Antlitz im Mondlicht, daß den Schwälberich plötzlich Mitleid erfüllte.

»Wer bist du?« fragte er.

»Ich bin der glückliche Prinz.«

»Warum weinst du dann?« wollte das Vögelchen wissen. »Du hast mich ganz naß gemacht.«

»Als ich noch lebte und ein Menschenherz besaß«, antwortete das Standbild, »da wußte ich nicht, was Tränen sind. Ich lebte in dem Palast Sanssouci, in welchen die Sorge keinen Zutritt hatte. Tagsüber spielte ich mit meinen Gefährten im Garten, und abends führte ich den Tanz in der großen Halle an. Rund um den Garten zog sich eine sehr hohe Mauer. Doch niemals dachte ich je daran, zu fragen, was wohl hinter dieser läge; so schön war alles um mich her. Die Höflinge nannten mich den glücklichen Prinzen, und wenn Vergnügen Glück bedeutet, so war ich in der Tat glücklich. So lebte ich, und so starb ich. Nun, da ich tot bin, haben sie mich hier hinaufgestellt, so hoch, daß ich alles Elend und alle Häßlichkeit der Stadt sehen kann. Deshalb kann ich nicht anders als weinen – wenn auch mein Herz aus Blei ist.«

»Wie, ist das nicht einmal aus echtem Gold?« wunderte sich der kleine Vogel. Er war aber viel zu höflich, als daß er eine derartige Bemerkung laut geäußert hätte.

»Fern von hier«, fuhr die Statue mit leiser, melodischer Stimme fort, »weit entfernt von hier steht in einer kleinen schmalen Gasse ein armseliges Haus. Eines der Fenster ist offen, und so kann ich eine Frau am Tische sitzen sehen. Ihr Gesicht ist mager und abgehärmt. Sie hat ganz nadelzerstochene, rauhe und rote Hände, denn sie ist Näherin. Sie stickt Passionsblumen in ein Seidenkleid, das die schönste von den Ehrendamen der Königin beim nächsten Hofball tragen soll. In einem Winkel des Zimmers liegt ihr kleiner Junge krank zu Bett. Er hat Fieber und verlangt nach Orangen. Doch die Mutter kann ihm nichts anderes geben als Wasser aus dem Fluß, und deshalb weint er. Schwalbe, kleine Schwalbe, willst du ihr nicht den Rubin aus meiner Schwertscheide hinbringen? Meine Füße sind auf dem Sockel festgemacht, und so kann ich mich nicht rühren.«

»Man erwartet mich bereits in Ägypten«, entgegnete der Schwälberich. »Meine Freunde fliegen den Nil auf und nieder und plaudern mit den großen Lotosblüten. Bald werden sie sich im Grab des großen Königs schlafen legen. Er ist ganz in gelbes Linnen gewickelt und mit Spezereien einbalsamiert. Um seinen Hals liegt eine Kette aus blaßgrüner Jade, und seine Hände gleichen vertrockneten Blättern.«

»Schwalbe, kleine Schwalbe«, fragte der Prinz, »willst du nicht diese Nacht bei mir bleiben und mein Bote sein? Der Knabe ist so durstig und seine Mutter so traurig.«
»Ich glaube, ich mache mir nicht allzuviel aus Knaben«, wandte der kleine Schwälberich ein. »Als ich während des letzten Sommers am Fluß wohnte, waren dort zwei rohe Buben, die Müllerssöhne, die immer Steine nach mir warfen. Natürlich haben sie mich nie getroffen, dafür fliegen wir Schwalben viel zu gut, und ich stamme zudem aus einer Familie, die wegen ihrer Behendigkeit berühmt ist. Aber immerhin war es doch trotzdem sehr respektlos.«
Doch der glückliche Prinz blickte so traurig drein, daß es den kleinen Schwälberich richtig bekümmerte.
»Es ist zwar sehr kalt hier«, meinte er schließlich, »aber ich will dennoch diese eine Nacht hier bleiben und dein Bote sein.«
»Ich danke dir, kleine Schwalbe«, sagte der Prinz.
So pickte also der Schwälberich den großen Rubin aus dem Schwert des Prinzen und flog damit über die Dächer der Stadt.
Er kam an dem Turm des Domes vorbei, auf dem die weißen Marmorengel stehen. Er flog über den Palast hinweg und vernahm die Musik der Tanzweisen. Ein schönes Mädchen trat mit seinem Geliebten auf den Balkon hinaus.
»Wie wundervoll die Sterne leuchten«, sagte dieser zu ihr, »und wie wundersam ist doch die Macht der Liebe!«
»Hoffentlich wird mein Kleid zum großen Staatsball auch fertig«, antwortete sie, »ich lasse mir Passionsblumen darauf sticken. Aber die Näherinnen sind ja so faul!«
Er flog über den Fluß und sah die Laternen der Schiffsmasten. Er glitt über das Getto und sah die alten Juden dort miteinander feilschen und auf kupfernen Waagen Geld wiegen.
Endlich erreichte er das armselige Haus und schaute hinein. Der Knabe warf sich fiebernd umher, und die Mutter war vor Ermüdung eingeschlafen. Der Schwälberich hüpfte ins Zimmer hinein und legte den Rubin auf den Tisch, gerade neben den Fingerhut der Frau. Dann kreiste er leise um das Bett und fächelte die Stirn des Jungen mit seinen Flügeln.
»Wie kühl mir auf einmal ist«, sagte der Knabe, »ich glaube, mir wird besser«, und er sank in einen köstlich tiefen Schlummer.

Darauf flog der Schwälberich zurück zu dem glücklichen Prinzen und erzählte ihm, was er getan.
»Seltsam«, meinte er dann, »mir ist plötzlich ganz warm geworden, obwohl es draußen so kalt ist.«
»Das kommt von deiner guten Tat«, meinte der Prinz.
Der kleine Vogel begann darüber nachzudenken und schlief schließlich ein; denken machte ihn immer so schläfrig. Als es Tag wurde, flog der Vogel zum Fluß hinab und nahm dort ein Bad.
»Ein höchst bemerkenswertes Phänomen!« staunte ein Professor der Ornithologie, während er die Brücke überschritt, »eine Schwalbe mitten im Winter.« Und er schrieb einen langen Bericht darüber an die Lokalzeitung.
Alles sprach nur von diesem Aufsatz, in dem so viele fremde Ausdrücke waren, daß ihn niemand verstand.
»Heut' nacht mach' ich mich auf nach Ägypten!« zwitscherte der kleine Schwälberich hochvergnügt bei dem bloßen Gedanken. Er besuchte auch alle Denkmäler und öffentlichen Bauwerke der Stadt und saß lange auf der Kirchturmspitze. Wo immer er hinkam, piepten die Spatzen, und einer tschilpte zum anderen: »Was für ein vornehmer Fremder!«, und dies amüsierte den Schwälberich sehr.
Als der Mond aufging, flog er zurück zum glücklichen Prinzen.
»Hast du irgendwelche Aufträge für Ägypten?« rief er, »ich reise gleich dorthin ab.«
»Schwalbe, kleine Schwalbe«, sagte der Prinz, »möchtest du nicht noch eine Nacht bei mir bleiben?«
»Ich werde in Ägypten schon erwartet«, erwiderte der Schwälberich.
»Morgen fliegen meine Gefährten hinauf zum zweiten Katarakt. Dort ruht das Nilpferd unter den Binsen, und auf einem großen Thron aus Granit sitzt der Gott Memnon. Die ganze Nacht hindurch blickte er auf zu den Sternen, und wenn der Morgenstern aufglänzt, stößt er einen langhallenden Freudenschrei aus. Dann ist er wieder still. Gegen Mittag kommen die gelben Löwen ans Flußufer, um zu trinken. Ihre Augen sind wie grüne Berylle, und ihr Brüllen übertönt das Donnern des Katarakts.«
»Schwalbe, liebe kleine Schwalbe«, sagte der Prinz, »weit draußen,

hinter der Stadt, sehe ich in einer Dachstube einen jungen Mann. Er lehnt sich gerade über einen mit Papieren bedeckten Tisch. Neben ihm, in einem Wasserglase, steht ein kleiner Strauß verwelkter Veilchen. Sein Haar ist braun und gelockt, seine Lippen sind rot wie Granatblüten, und er hat große, verträumte Augen. Er versucht, ein Schauspiel fertig zu schreiben, aber er kann vor Kälte nicht weiter. Im Ofen brennt kein Feuer, und der Hunger ließ ihn ohnmächtig werden.«

Der Schwälberich, der ein gutes Herz hatte, sagte: »Nun, ich will noch eine Nacht länger bei dir bleiben. Soll ich ihm auch einen Rubin bringen?«

»Ach«, seufzte der Prinz, »ich habe keinen Rubin mehr, nur meine Augen sind mir noch geblieben. Sie sind aus seltenen Saphiren, die man vor tausend Jahren aus Indien gebracht hat. Picke eines davon heraus und bring es ihm. Er kann es an einen Juwelier verkaufen, sich dafür Essen und Feuerung beschaffen und sein Stück zu Ende schreiben.«

»Lieber Prinz«, klagte der kleine Schwälberich, »das kann ich nicht tun«, und er begann zu weinen.

»Schwalbe, kleine Schwalbe«, sprach der Prinz, »tue, wie ich dir geheißen.«

So pickte der Schwälberich dem Prinzen das Auge aus und flog damit zur Dachkammer des Studenten. Es war nicht schwer, dort hineinzukommen, denn im Dach war ein Loch. Durch dieses schlüpfte der Vogel in das Stübchen. Der Jüngling hielt den Kopf in den Händen vergraben. So vernahm er zwar nicht das Flattern des Vögelchens, aber als er aufblickte, sah er den schönen Saphir, der auf den verblaßten Veilchen lag.

»Ah, man fängt an, mich zu würdigen!« rief er aus. »Das kommt sicherlich von einem großen Bewunderer. Nun kann ich mein Stück fertigschreiben.«

Und er sah ganz glücklich aus.

Am nächsten Tage flog der Schwälberich hinab zum Hafen. Er ließ sich auf dem Mast des größten Schiffes nieder und sah den Matrosen zu, die große Ballen an Tauen aus dem Schiffsraum hochhievten.

»Heb auf!« schrien sie bei jedem Rucken des Taus.

»Ich reise nach Ägypten!« zwitscherte das Vögelchen, aber niemand achtete seiner, und so flog es, als der Mond aufging, hin zu dem glücklichen Prinzen.
»Ich komme, um dir Lebewohl zu sagen«, rief es.
»Schwalbe, kleine Schwalbe«, bat der Prinz wieder, »willst du nicht noch eine einzige Nacht bei mir bleiben?«
»Es ist Winter«, meinte der kleine Vogel besorgt, »und bald wird der eisige Schnee dasein. In Ägypten scheint die Sonne warm auf die grünen Palmen nieder, und die Krokokile liegen faul im Schlamm und schauen vor sich hin. Meine Gefährten bauen ihre Nester im Tempel von Baalbek, und die weiß und rötlich gefiederten Tauben schauen ihnen dabei gurrend zu. Lieber Prinz, ich muß dich verlassen, aber ich will dich nicht vergessen. Im nächsten Frühling bringe ich dir zwei schöne Edelsteine mit, als Ersatz für jene, die du weggegeben hast. Der Rubin soll von tieferem Purpur sein als eine rote Rose und der Saphir blau wie das weite Meer.«
»Dort unten auf dem Platz«, sagte der Prinz, »steht ein kleines Mädchen mit Streichhölzern. Sie hat ihre Hölzer in die Gosse fallen lassen, und nun sind sie alle verdorben. Ihr Vater wird sie schlagen, wenn sie ihm kein Geld heimbringt. Deshalb weint sie. Pick mir auch das andere Auge aus und bring es ihr, dann wird ihr Vater sie nicht schlagen.«
»Gut, so will ich die eine Nacht noch bei dir bleiben«, erwiderte der kleine Schwälberich, »aber dein zweites Auge will ich dir nicht auspicken. Dann wärst du ja ganz blind.«
»Schwalbe, kleine Schwalbe«, bat der Prinz, »tue nach meinem Geheiß.«
Also pickte der Schwälberich dem Prinzen auch das zweite Auge aus und flog damit weg. Er strich über den Kopf des Mädchens hin und ließ den Edelstein in ihre Hand gleiten.
»Was für eine hübsche Glasscherbe!« freute sich die Kleine und lief vergnügt nach Hause.
Darauf kehrte das Vögelchen zum Prinzen zurück.
»Nun bist du ganz blind«, meinte es, »deshalb will ich immer bei dir bleiben.«
»Nein, kleine Schwalbe«, erwiderte der Prinz, »du mußt nun fort nach Ägypten.«

»Ich will immer bei dir bleiben«, beharrte das Schwälbchen und schlummerte zu Füßen des Prinzen ein.

Am nächsten Tage flatterte es dem Prinzen auf die Schulter und erzählte ihm viele Geschichten von all dem, was es in den fernen Ländern gesehen hatte.

Es berichtete ihm von den rosenfarbenen Ibissen, die in langen Reihen an den Nilufern stehen und mit ihren Schnäbeln Goldfische fangen, von der Sphinx, die so alt ist wie die Welt, in der Wüste lebt und alles weiß; von den Kaufleuten, die langsam neben ihren Kamelen einherschreiten und Rosenkränze aus Bernstein in den Händen tragen; vom König des Mondgebirges, der so schwarz ist wie Ebenholz und einen großen Kristall anbetet; von der großen grünen Schlange, die in einem Palmbaum schläft und von zwanzig Priestern mit Honigkuchen gefüttert wird, und von den Pygmäen, die auf breiten, flachen Blättern über einen großen See segeln und beständig mit den Schmetterlingen im Kriege liegen.

»Liebe, kleine Schwalbe«, sagte der Prinz, »du hast mir von wunderbaren Dingen berichtet. Aber wunderbarer als alles ist das Leiden der Menschen. Es gibt kein größeres Mysterium als das Elend. Fliege über die Stadt, kleine Schwalbe, und erzähle mir dann, was du gesehen hast.«

So flog der Schwälberich über die große Stadt:

Er sah die Reichen fröhlich und guter Dinge in ihren schönen Häusern, während die Bettler vor den Toren saßen. Er flog hinab in dunkle Gassen, wo hungernde Kinder mit weißen Gesichtern gleichgültig auf die schwarzen Straßen blickten. Unter einem Brückenbogen lagen zwei kleine Burschen, die einander eng umschlungen hielten, um sich so gegenseitig etwas zu wärmen. »Wir haben solchen Hunger!« klagten sie, aber der Wächter schrie sie an: »Ihr dürft hier nicht liegen!« So wanderten sie hinaus in den Regen.

Der Vogel flog zurück zum Prinzen und erzählte ihm, was er alles gesehen hatte.

»Ich bin über und über mit feinstem Gold bedeckt«, sprach der Prinz, »du mußt es abnehmen – Blatt um Blatt – und meinen Armen geben. Die Lebenden meinen immer, daß Gold sie glücklich machen kann.«

So pickte das Schwälbchen Blatt um Blatt des feinen Goldes von ihm herunter, bis der glückliche Prinz ganz grau und schäbig aussah.
Blatt um Blatt des feinen Goldes brachte es zu den Armen, und die Gesichter der Kinder wurden rosiger. Sie lachten und spielten auf den Straßen und jubelten dabei: »Jetzt haben wir Brot!«
Dann kam der Schnee, und auf den Schnee folgte der Frost. Die Straßen glänzten und glitzerten, als wären sie aus lauter Silber. Von den Dachrinnen hingen lange Eiszapfen wie kristallne Dolche herunter. Alles war in dicke Pelze vermummt, und die kleinen Jungen trugen warme, rote Zipfelmützen und liefen Schlittschuh auf dem Eise.
Dem kleinen armen Schwälberich wurde es immer kälter und kälter; aber er wollte den Prinzen nicht verlassen, denn er liebte ihn zu sehr.
So pickte er Krumen vor des Bäckers Türe auf, wenn dieser gerade nicht hinsah, und versuchte, sich warm zu halten, indem er mit den Flügeln schlug.
Doch schließlich wurde ihm bewußt, daß er sterben müsse. Er hatte gerade noch die Kraft, um dem Prinzen auf die Schulter fliegen zu können.
»Leb wohl, guter Prinz«, zwitscherte er ganz leise, »darf ich deine Hand küssen?«
»Wie freue ich mich, daß du nach Ägypten gehst, mein kleiner Schwälberich«, sagte der Prinz. »Du bist schon zu lange hiergeblieben. Aber du mußt mich auf den Mund küssen, denn ich liebe dich.«
»Ich reise nicht mehr nach Ägypten«, flüsterte das Vögelchen schwach, »ich gehe in das Haus des Todes. Der Tod ist der Bruder des Schlafes, nicht wahr?«
Dann küßte er den glücklichen Prinzen mitten auf den Mund und fiel tot zu seinen Füßen nieder.
Da ertönte aus dem Innern des Standbilds ein eigentümliches Knacken, gleichsam als ob etwas zerbrochen wäre. Das Herz aus Blei war mitten entzwei geborsten. Es war aber auch ein strenger, harter Frost.
Am frühen Morgen des nächsten Tages ging der Bürgermeister mit seinen Stadträten über den Platz. Als sie an der Säule vorbeika-

men, schaute er zu dem Standbild auf: »Mein Gott, wie schäbig der glückliche Prinz aussieht!« meinte er.
»Wirklich: sehr schäbig!« sagten auch die Stadträte, die immer der Ansicht ihres Stadtoberhauptes waren, und guckten sich ihrerseits das Standbild an.
»Der Rubin ist aus seinem Schwert gefallen, seine Augen fehlen, und vergoldet ist er auch nicht mehr«, brummte der Bürgermeister, »er sieht kaum besser als ein Bettler aus.«
»Kaum besser als ein Bettler«, echoten die Räte.
»Und hier liegt doch wahrhaftig gar ein toter Vogel zu seinen Füßen!« entrüstete sich der Bürgermeister. »Wir müssen sofort eine Bekanntmachung erlassen, daß es den Vögeln nicht erlaubt ist, hier zu sterben.«
Und der Stadtschreiber notierte eilfertig diesen Vorschlag.
So wurde das Standbild des glücklichen Prinzen abgebrochen.
»Da es nicht mehr schön ist, ist es auch ohne nützlichen Wert«, verkündete der Universitätsprofessor für Kunstgeschichte.
Hierauf wurde die Statue in einem Brennofen eingeschmolzen, und der Bürgermeister berief eine Versammlung ein, die zu entscheiden hatte, was mit dem Metall geschehen solle.
»Selbstverständlich müssen wir ein anderes Denkmal haben«, sagte er, »und natürlich muß dies ein Denkmal von mir sein.«
»Nein, von mir!« beanspruchte jeder der Stadträte, und der Zank ging los. Als ich das letzte Mal von ihnen hörte, zankten sie noch immer.
»Wie sonderbar!« meinte der Werkführer in der Schmelzhütte. »Dieses gebrochene Bleiherz will nicht schmelzen. Wir müssen es so wegwerfen, wie es ist.«
So warf man es auf den gleichen Kehrichthaufen, auf dem auch die tote Schwalbe lag.

»Bring mir die beiden kostbarsten Dinge aus der Stadt«, sprach Gott zu einem seiner Engel, und der Engel brachte ihm das bleierne Herz und den toten Vogel.
»Recht hast du gewählt«, lobte der Herrgott, »denn in meinem Paradiesgarten wird der kleine Vogel in Ewigkeit singen, und in meiner goldenen Stadt wird der glückliche Prinz mich lobpreisen.«

IX

Heil und Heilung

Bei Sonnenaufgang liefen dreißig Jugendliche auf die Wiese, stellten sich in Abständen auf, das Gesicht der Sonne zugewendet, und begannen sich zu bücken, hinzuhocken, zu verbeugen, auszustrekken, die Arme auszubreiten, die Arme zu heben, kniend den Körper hintenüber zu werfen.
Dies dauerte eine Viertelstunde lang.
Von weitem hätte man meinen können, sie beten.
In unseren Tagen wundert es niemand, daß der Mensch Tag für Tag geduldig und aufmerksam seinem Körper dient.
Wir wären aber gekränkt, wenn er so seinem Geist diente.
Nein, dies ist kein Gebet. Es ist die Morgengymnastik.

Alexander Solschenizyn

Dr. Schiwago, der an einem Herzinfarkt stirbt, sagt kurz vor seinem Tode: »Ich bin krank. Das wißt ihr, Herzsklerose. Die Kranzgefäße sind angegriffen ... dabei bin ich nicht einmal vierzig ... Heilung ist möglich bei diesem Leiden, das typisch ist für unsere Zeit. Ich glaube, daß seine Ursachen sittlicher Natur sind. Die Mehrzahl der Menschen ist heutzutage zu dauernder, bis zum System perfektionierter Heuchelei gezwungen. Ohne Folgen für die Gesundheit kann man nicht Tag für Tag genau das Gegenteil tun von dem, was man empfindet, mit Leib und Seele eintreten für das, was man nicht liebt, sich freuen über das, was einem Unglück bringt. Unser Nervensystem ist keine Fiktion, keine Illusion. Es ist ein aus unzähligen Fasern bestehendes organisches Gebilde. Unsere Seele hat keinen Platz im Raum inne und ist in uns wie die Zähne im Munde. Man kann sich nicht dauernd ungestraft vergewaltigen.«

Boris Pasternak

MARTIN SCHEEL

Heil und Heilung

Wenn ein Kranker gesund wird, kann darüber in sehr verschiedener Art berichtet werden. Auch gibt es eine Fülle von Möglichkeiten, das Ereignis zu deuten.

Vor kurzem berichtete mir ein Bekannter von einer durchgemachten Erkrankung. Er gehörte nicht zu den »eingebildeten«, sondern »ausgebildeten« Kranken. Er hatte detaillierte Kenntnisse über die Krankheitsursache und die therapeutischen Maßnahmen. Für ihn war die Heilung ein rein natürlicher Vorgang, und er hätte es als Blasphemie erachtet, Gott in diesen Prozeß einzuspannen oder ihn zu bemühen.

In Indien sahen meine Patienten ihre Krankheit anders. Einer berichtet von dem Einfluß von Sternen, ein anderer von Geistern und bösen Mächten. Zumeist waren überirdische Mächte für sie im Spiel, und damit war jede Bemühung um Heilung mit einer Einflußnahme auf diese Mächte verbunden.

In der modernen Medizin werden physiologische, chemische, biologische und psychologische Zusammenhänge untersucht. Darüber hinaus gilt es, soziologische Umstände zu berücksichtigen. Die Lebensumstände hängen ja von dem ab, was eine bestimmte Gesellschaft in einer bestimmten Zeit für Normen und Gewohnheiten hat. Ernährungsvorschriften bzw. -gewohnheiten z.B. waren in Indien bei bestimmten Kasten durch religiöse Anweisungen, Tradition und Gewöhnung bestimmt und schwer zu verändern.

Es gibt eine Richtung der modernen Medizin, die die Lebensgeschichte in ihrer krankmachenden und heilenden Wirkung untersucht. Die Psychologen untersuchen schädigende Einflüsse früher Kindheitserlebnisse. Die psychosomatische Medizin bedenkt das Ineinanderwirken von seelischen und körperlichen Faktoren. All dies sind bestimmte Aspekte der Krankheit und Heilung, welche von einem ganz bestimmten Blickpunkt aus gültig sind.

Die Bibel sieht Heilung unter einem anderen Aspekt. Es geht nicht *nur* um diesseitige Fragen, sondern der Mensch wird im Gegenüber und im Angesicht Gottes gesehen.

Da Gott der Herr der Welt und der Herr des Menschen ist, gibt es keinen Augenblick und keine Seite des menschlichen Lebens, welche aus der Gottesbeziehung ausgeklammert sind. Gottes Plan mit der Welt und mit dem Menschen ist die Wiederherstellung des reinen Schöpfungszustandes, den der Seher Johannes in Offb. 21,3f. so beschreibt:
Gott wohnt bei den Menschen, und er wird bei ihnen wohnen, und sie werden sein Volk sein ... Er wird alle Tränen aus ihren Augen wischen, es wird keinen Tod mehr geben, kein Leid, keine Klage, keinen Schmerz.
Unsere Welt aber sieht anders aus. Der Mensch, der sich von seinem Schöpfer abgewandt hat, ist in eine heillose, irdische Existenz verstrickt. Um das nachzuweisen, brauchen wir nur die Tagesnachrichten zu lesen. Wir hören von Krieg, von Verstrickung in Furcht und auch davon, daß der Mensch human und bestialisch sein kann. Die Gottesferne zeigt sich in dem Tun eines jeden Menschen. Wie wird heute nicht dem Gebot Gottes zuwidergehandelt, indem Christen Ehre suchen oder »nicht etwa alles zum Besten kehren«, wie es die Gebote verlangen! Ein Professor der Psychiatrie sagte, daß die verbreitetste Sünde die Sünde der Unterlassung sei. Diese Aussage fand ich besonders fein in einem Gebet ausgedrückt, welches dem Buch von Pawelzik »Ich liege auf meiner Matte und bete« entnommen ist:

Laß uns hier nicht mit Worten um uns schlagen.
Rühre unsere Herzen an.
Laß uns nicht zuviel für uns bitten.
Solange wir noch Schuhe an den Füßen haben,
laß uns für Menschen bitten, die keine Schuhe haben.
Und wache darüber,
daß wir alles mit denen teilen,
die nichts haben.
Sei du das Brot den Menschen,
die nichts haben.
Sei du mit denen,
die in Ungerechtigkeit ersticken.
Sei du mit denen,

die alles haben:
dicke Autos, schöne Häuser und viel Geld.
Die sind auch nicht zufriedener als wir.
Sei mit denen,
die Hunger haben,
und denen,
die halbe Teller voll Essen wegschieben.
Wir sind alle deine Kinder.
Wir brauchen dich.
Wir brauchen deine Liebe.

Durch das Beharren in der Gottesferne, durch das sündige Wesen des Menschen und durch das Sichbeugen unter die Sünde aber erhalten die widergöttlichen Mächte ihre Macht. So verfällt der Mensch der letzten Macht, dem Tod. Gott hat nicht aufgehört, zu wirken und zu lieben. Durch Christus, Gottes Sohn, sind die Kräfte des Bösen überwunden. Christus hat über Sünde und Tod gesiegt. Gottes Wirken ist auf umfassende Heilung ausgerichtet und führt zum Heil.

Die Bibel sieht also den Menschen nicht nur in seiner zeitlichen und naturwissenschaftlich beschreibbaren Existenz. Durch die Zuwendung Gottes werden Gottesferne und Tod überwunden. Damit ist aber Heilung, um die es im Angesicht Gottes geht, mehr als das, worüber wir irdisch verfügen und was wir irdisch bewirken können. Heilung erscheint hier in einem anderen Zusammenhang, unter einem besonderen Aspekt.

Jesu Heilungen sind Zeichen, daß die Kräfte Gottes, die Kräfte des Zukünftigen, in dieser unserer Welt lebendig sind. Bei einer Diskussion sagte einmal jemand: Aber Heilung kann doch nur zu etwas führen, was durch den Tod doch wieder in Frage gestellt wird. – Bei der Heilung, die ein Zeichen des kommenden und angebrochenen Heils ist, geht es um mehr als Wiederherstellung irdischer Ordnung oder das, was zur Wohlfahrt beiträgt.

Der Sekretär der Church Mission Society berichtet in seinem Afrikabuch »Primal vision« von einer besonderen Begegnung. In einem Heim einer Heilungssekte in Afrika findet er einen Menschen, mit dem er ein längeres Gespräch hat. Dieser berichtet, daß er aus einem Missionskrankenhaus hierhergekommen sei. Dort sei der Arzt so mit Diagnose und Therapie, mit äußeren Maßnahmen beschäftigt gewesen, daß er keine Zeit fand, nach der Wiederherstellung des Gottesverhältnisses, nach Sünde und Schuld, zu fragen.

Darum sei der Kranke davongegangen.

Es geht bei diesem Aspekt von Heilung aber auch um mehr als um eine Vertröstung auf ein Jenseits. Im Hinduismus begegnen wir einem Glauben an eine diesseitige Scheinwelt und dem Ziel, diese zu überwinden und damit in ihrer Bedeutung herabzusetzen. Christus aber wurde Mensch, und seine Auferweckung zeigt das Ziel Gottes: Leben über den Tod hinaus. So liegt im biblischen Verständnis von Heilung eine Verheißung. Sie weist heute und hier auf die Auferstehung.

Es liegt im Wesen eines Zeichens, daß dasselbe mißverstanden werden kann, wenn es nicht gedeutet wird. Damit ich weiß, was ein Zeichen bedeutet, ist eine Deutung sogar notwendig. Diese Deutung kann nun entweder angenommen oder abgelehnt werden. Es ist auch ein Mißverständnis möglich. Man spricht heute manchmal von einem stummen Zeugnis der Diakonie. Eine derartige Möglichkeit ist nur gegeben, wenn eine Deutung durch Tradition oder durch die Umgebung gegeben ist. Wird aber nicht gerade in unserer Zeit und Umwelt Heilung normalerweise nur mit diesseitigen Gegebenheiten in Verbindung gebracht? Heilung als Zeichen im biblischen Verständnis weist auf die Gottesbeziehung, die Diesseits und Zukunft umfaßt. Es geht um mehr, als ärztliche Kunst vermitteln kann und um mehr, als von uns aus verfügbar oder irdisch vorhanden ist. Die ärztliche Kunst wird nicht entwertet, sondern erhält einen anderen Platz in einem umfassenden Zusammenhang.

Der Mensch, und damit auch der Geheilte, wird in der Bibel in Beziehung zu Gott, zum Mitmenschen und zur Welt gesehen. Wenn *wir* über Heilung sprechen, geht es um die Wiederherstellung eines Einzelmenschen. Weder dies, noch die Rettung und das Seelenheil des Individuums sind für die biblischen Berichte ausschlaggebend. In der Verbindung mit der Verkündigung als Zeichen betrifft Heilung den Kranken und seine Umwelt. Wenn von der Heilung eines einzelnen berichtet wird, so in dem Sinne, daß er Repräsentant einer Gruppe von Menschen ist oder daß durch den einzelnen eine Gruppe angesprochen wird. Um nur ein Beispiel zu nennen, erinnere ich an Acta 3. Die Heilung eines Lahmen durch Petrus führt dazu, daß Petrus das Geschehen den Zusammengelaufenen deutet.

Die Beschreibungen, die in der Bibel gegeben werden, machen es deutlich, daß die äußere Seite des Heilungsvorgangs nicht von Bedeutung ist. Die Bibel ist kein naturwissenschaftliches Lehrbuch. Darum ist im Gesamtzusammenhang wenig wichtig, was über das Wie der Heilung gesagt wird, nur das *Daß* ist entscheidend. So ist der Streit um eine mythische, magische oder naturwissenschaftliche Beschreibung oder auch ein derartiges Verständnis ohne besondere Relevanz. Die Wissenschaft unserer Zeit vermag an dem Verständnis einer erfolgten Heilung als Zeichen dessen, was von Gott her geschieht, nicht das geringste zu ändern. Es ist seitens der Wissenschaft nicht möglich, über das Verhältnis des Menschen zu Gott etwas auszusagen. Wenn aber das Herr-Sein Gottes verneint wird, handelt es sich um Unglauben und nicht um eine wissenschaftliche Aussage. Dem Herr-Sein Gottes können magische Kräfte genau wie naturwissenschaftliche Gesetze entgegenstehen, wenn mit ihrer Anerkennung Gottes Allmacht verneint wird. Darum ist auch eine Beschränkung des Wirkens Gottes auf wunderbare Heilungen unmöglich. Gottes Handeln würde dann ja nicht umfassend sein, sondern in Konkurrenz zur sogenannten natürlichen naturwissenschaftlichen Heilung gesehen werden.

Für den Kranken und die um den Kranken Versammelten geht es um die Verherrlichung Gottes und um den Erweis seines Königreiches. Wenn ein Mensch in der Krise dem Tod oder seinem Vorboten konfrontiert ist, wird er auf das Gericht Gottes hingewiesen. Ein derartiger Gedanke wird weder von dem Gros der Kranken, noch von der Mehrzahl der Ärzte durchgedacht. Dabei ist gerade heute bei der Vielzahl von Verkehrsunfällen mit tödlichem Ausgang, bei den plötzlichen Toden durch Herzkrankheiten ein solcher Gedanke besonders akut. Mir scheint es sogar unverant-

wortlich, wenn in einer Weise über Krankheit und Heilung gesprochen wird, welche die Illusion eines nicht endenden Lebens oder auch eines vorläufig ungefährdeten Lebens aufkommen läßt.
Konfrontiert mit Krankheit und Heilung begegnen der Mensch und seine Umwelt dem lebendigen Gott.
Wenn es zur Heilung kommt, kommt es zu neuem Leben aus Gottes Hand. Erlösung, die zu Freiheit von Tod und Sünde führt, sind Merkmale des neuen Lebens. Die Konsequenz ist Indienstnahme durch Gott und Christus.
An dem Platz, den der Mensch einnimmt, will Christus der Herr sein. Der, dem wir begegnen, ist Mitmensch, dem Christus durch uns dient. Christus identifiziert sich mit dem, der in Not ist, der leidet – sei es innerlich trotz der Wohlfahrtsgesellschaft, sei es im Elend durch Unterernährung in den übervölkerten Entwicklungsländern.
Es verbietet sich bei dem, was wir unter Heilung in Verbindung mit Heil verstehen oder auch in Diakonie und ärztlicher Mission anstreben, eine Beschränkung auf eine Wiederherstellung eines körperlichen Zustandes. Für eine Regierung ist das anders. Sie kann sich nur auf eine Wiederherstellung der Arbeitsfähigkeit, der Konsumfähigkeit oder auf das Wohlergehen des Menschen konzentrieren. Bei dem Menschen als Mensch im Angesicht Gottes geht es um Leben, welches durch und aus Gott über den Tod hinaus Bestand hat. Es geht also um mehr als symptomatische und säkulare Krankenbehandlung und Heilung.
Wie Verkündigung auf den ganzen Menschen zielt, muß sich das mit Christus geschenkte neue Leben hier und jetzt bereits realisieren. Damit ist die Trennung von Verkündigung und Dienst unmöglich geworden. Dem Mißverständnis, als ob es um eine Idee ginge, wird so gewehrt. Als Idee wäre die Verkündigung nicht nur mißverständlich, sondern auch nicht verbindlich. Wir behandelten während einer Choleraepidemie in Indien den Sohn eines überzeugten Hindu. Eines Tages kam er, um uns über unseren Glauben nach Tod und Leben zu fragen. Daß er als überzeugter Hindu uns fragte, begründete er damit, daß er erlebt habe, wie unser Glaube und unser Christsein sich im Alltag verwirklichte. »Das kann man nun nicht wegdiskutieren«, meinte er. »Wenn ihr etwas tut, weil

ihr Christen seid, so kommt es zwangsläufig zur Konfrontation mit einem anderen Glauben.«

Andererseits ist ein Dienst ohne Verkündigung genauso unmöglich und mißverständlich.

Die Gefahr besteht darin, daß es zu einem hoffnungslosen Aktivismus kommt. Die Verkündigung und der Dienst sind als menschlich diesseitige Handlungen nicht mit dem Heil identisch. D. T. Niles sagt in seinem Buch »Feuer auf Erden«: »Es liegt doch eine unerhörte Anmaßung in dem Gedanken, daß wir eine Arbeit planen oder durchführen können, die durch ihre eigene Qualität das Evangelium demonstrieren soll.« Das Heil ist das, was unabhängig von Menschen von Gott durch Christus uns bereitet ist. Verkündigung und Heilung können darauf hinweisen, es aber nicht bringen.

Genügt aber nicht vielleicht heute der Dienst oder die Mitmenschlichkeit, da wir in einer Zeit der Inflation der Worte leben? In Lagos sagte mir ein Nigerianer: »Eure Taten sprechen so laut, daß wir eure Worte weder hören noch verstehen können.«

Die Rolle, die die christliche Gemeinde zu spielen hat, sieht man gern als Entlastung der Gesellschaft und als stummen, absichtslosen Dienst. Bei meinen Gesprächen mit afrikanischen Politikern hörte ich oft, daß man eine Hilfe durch westliche Kirchen auf dem Sektor der Krankenbetreuung dann begrüßen würde, wenn sie lediglich Sachhilfe wäre. In dieser Weise aber beschränkt man die christliche Botschaft eventuell darauf, Zeichen einer hoffnungslosen Mitmenschlichkeit zu sein. Man weist nicht auf das Fundament. Die Menschheit aber sucht eine Basis für inneren Halt und innere Sicherheit. Es geht um Glauben, der Anweisung zum Leben ist, und um ein Leben, welches den Tod überwindet. Das ist der Fall, indem das christliche Leben Anteilhabe an der Auferstehung und dem Sieg Christi über Mächte und Tod ist. Das christliche Leben ist auch nicht nur ein Seelenzustand, so daß die Verkündigung sich nur auf ein Seelenheil und eine Vertröstung auf das Jenseits beschränken kann.

Der Mensch, um den es bei der Heilung als Zeichen der kommenden Gottesherrschaft geht, ist ein Gemeinschaftswesen. Ein Nachdenken darüber ist gerade heute wichtig und bedeutsam, wenn wir Konsequenzen aus dem biblischen Verständnis von heilendem

Handeln ziehen wollen. In der Medizin wird der Kranke in seiner Abhängigkeit von der Umwelt betrachtet. Der Verhaltensforscher Portmann hat darauf hingewiesen, daß die Gesellschaft, in welche der Mensch hineingeboren wird, seine Entwicklung maßgeblich bestimmt. Erziehung und von der Gesellschaft geformte Lebensumstände sind für Krankheit und Heilung wesentlich. Aber auch Wertungen und Gefühle, Kraft zum Durchhalten, liebevolle Zuwendung oder haßerfüllte Abneigung haben für Heilung eine Bedeutung. Christlich heilendes Handeln ist *mehr als eine persönliche Angelegenheit* von Kranken oder Heilungsspezialisten. Zunächst müssen wir bedenken, daß Worte und Taten – ob gewollt oder ungewollt – heilend oder krankmachend wirken. Die Bedeutung von brüderlicher Gemeinschaft, von Gebet und Sakrament in diesem Zusammenhang müssen neu durchdacht werden. Das ganze Geschehen um Heilung gleicht einem Eisberg. Was von ärztlichem Personal, von Schwestern und Helfern im Krankenhaus getan wird, ist nur der Teil des Eisberges, welcher über der Wasseroberfläche sichtbar ist. Was von einer Mutter am Krankenlager geschieht, was heilend von der Familie und Umgebung getan wird und was von vielen Menschen und Dieststellen an hygienischen und gesundheitsfördernden Maßnahmen erfolgt, ist wesentlicher Teil heilenden Geschehens. Im Umfang ist letzteres dem unter der Oberfläche liegenden größeren Teil des Eisberges zu vergleichen. Das nichtwissenschaftliche Heilen, wie es uns etwa bei afrikanischen und asiatischen Heilenden begegnet, hat uns in dieser Beziehung etwas zu lehren. Krankheit wird dort als die ganze Gruppe angehend gesehen. Wenn jemand krank ist, ist mit ihm auch die Gemeinschaft, in welcher er lebt, betroffen.

Wir meinen, es ist kein Zweifel möglich, daß heilendes Handeln *die ganze christliche Gemeinde angeht.* Diejenigen, die im Glauben Christus als ihren Herrn annehmen, sind zum heilenden Handeln gerufen. Das gilt auch in ganz alltäglichen Angelegenheiten wie Umgang miteinander, kleinen Diensten und Handreichungen. Wir müssen ein anderes Verständnis dessen gewinnen, was zur Überwindung der Krankheit von der christlichen Erkenntnis her zu sagen ist.

Zunächst geht es *nicht* um einen rein sozialen Dienst. *Zahlen* von

Krankheitsfällen und ärztlichem Tun sagen nicht genug. Auch ist unser Interesse nicht auf die Mittel der Heilung und das wissenschaftliche Rüstzeug konzentriert. Bei einer Unterscheidung natürlicher Heilung und »wunderbarer« Heilung wird dies oft übersehen. Man kann Gottes Handeln doch nicht auf ein außergewöhnliches Eingreifen beschränken, wenn etwa nach einem medizinischen Akt, der keine Hilfe brachte, durch ein Gebet eine Besserung erfolgt. Damit wäre ja Gottes Handeln den medizinischen Mitteln nebengeordnet.

Es geht nicht um Symptombeseitigung oder um innerweltliche Ursachenbeseitigung. Wir dürfen uns nicht irremachen lassen in bezug auf die Richtung dessen, was wir unter heilendem Handeln verstehen. Besonders deutlich wird das, was ich damit andeute, wenn wir bedenken, welche Wirkung die Botschaft des Evangeliums für unsere heutige Welt hatte und wie dennoch die Freiheit, die gewonnen wurde, mißbraucht wird oder werden kann.

Jedem, der Menschen anderer Kulturbereiche in einer Krise begegnet ist – so etwa bei Erkrankungen – weiß um die Furcht, die dadurch vorhanden ist, daß Leiden in Verbindung mit dämonischen Kräften gesehen wird. Durch die Botschaft, daß Gott der Herr der Mächte ist, ist weithin der Welt die Furcht vor der dämonischen Macht genommen. Der Heide glaubte: Wem es böse geht, der ist böse oder vom Bösen in Bann geschlagen. Das führt oft zum Fernbleiben oder zur Aussetzung – Aussatz durch andere. Der Christ ist erlöst und frei zum Dienst am anderen. Zwar ist das Weltbewußtsein in dieser Richtung beeinflußt; die Freiheit, die gewonnen wurde, ist jedoch weithin mißbraucht und zu neuer Unfreiheit geworden. Der Mensch versucht nun, den Menschen zu manipulieren, wobei das Ziel der Manipulation innerweltliche Maßstäbe und nicht die Welt Gottes sind. Wie dieser Mißbrauch aussehen kann, erfahren wir aus den Berichten derer, die in China mit wissenschaftlichen Methoden einer Gehirnwäsche unterzogen wurden. Es kann nicht darum gehen, der Frage nach dem Tod oder nach dem unheilbaren Leid und unheilbarer Krankheit auszuweichen. Im Wissen um Gottes Ziel und die uns mit Christus verheißene Auferstehung und das Leben, welches den Tod nicht zu fürchten hat, ist das Verhängnisvolle der Krankheit besiegt.

Darum kann es auch nicht dabei bleiben, daß wir lediglich Beherrschung der Krankheit anstreben und dem Wissenschaftsoptimismus verfallen. Auch können wir nicht, wie die christian science, den Glauben zum Mittel gegen Krankheit machen. Die Mittel, welche uns in der wissenschaftlichen Forschung zur Verfügung gestellt wurden, können wir aber dankbar als Gabe Gottes und als Arbeitsmaterial annehmen. Was haben wir in dieser Beziehung zu danken! Was ist etwa in den letzten Jahrzehnten durch die Erforschung von Penicillin und Antibiotica möglich geworden. Alle Heilung kommt von Gott, ob sie durch medizinische Mittel bewirkt wurde oder eine sogenannte Glaubensheilung ist.

Bei einer Heilung und bei heilendem Handeln geht es darum, daß durch dieses Ereignis im Leben, in der Krise, in der Unsicherheit und Bedrohtheit der Zeit die Begegnung mit dem lebendigen Gott erfolgt. Die Frage nach der Denkmöglichkeit eines heute und jetzt handelnden Gottes ist nicht gestellt, wenn wir Gott als Realität unseres Lebens glaubend annehmen. Naturwissenschaftlichen Kategorien ist Gott nicht einfügbar.

Die Verbindung mit Gott, die durch Tod und Ichsucht abgeschnitten ist, ist darum wiederhergestellt, weil Gott nicht aufgehört hat und nicht aufhören wird, uns zu lieben. Darum wird durch Heilung ein Neubeginn, eine neue Chance, ein Leben von Gott her möglich. Dieses neue Leben ist nicht ein Leben eines gelegentlichen Frömmigkeitserweises, sondern ein Leben des Dienstes. Dieser Dienst ist Dienst an denen, denen Gottes Liebe gilt, ist Dienst im Namen und Auftrag Gottes an der Welt.

ROBERT LAMBOURNE

Modelle für Heilung und Heil

Ich war gerade in den Vereinigten Staaten, als einige sozialbewußte Medizinstudenten protestierten, weil sie entsetzt darüber waren, in einem der fortschrittlichsten medizinischen Zentren der Welt ausgebildet zu werden und zu arbeiten, während sie buchstäblich nur einen Katzensprung von einem Stadtviertel entfernt waren, wo es für die Leute überhaupt keine ärztliche Betreuung gab. Die Medizinstudenten weigerten sich, weiterhin an den Kursen teilzunehmen, und begannen von sich aus mit praktischer Gesundheitsfürsorge. Obgleich diese Gesundheitsfürsorge vom klinischen Standpunkt aus weniger fachgerecht war, konnte sie letztlich doch mehr zur Erleichterung von menschlichem Leiden erreichen als die Klinik.

Oder ich denke an einen Mann, der in eine berühmte Kinderklinik in Afrika kam, die schon fünfzig Jahre lang bestanden hatte und auf die die Kirche und die Leute dort sehr stolz waren, weil dort jedes aufgenommene Kind die beste Behandlung bekam. Dann kam dieser neue Kinderarzt, der nicht mehr oder weniger einsatzbereit und christlich war als sein Vorgänger. Aber er untersuchte die Kindersterblichkeit in dem Gebiet, für das die Klinik zuständig war, und stellte fest, daß sie sich in den ganzen Jahren nicht verändert hatte. Die Sterblichkeitsrate betrug etwa 282 auf 1000, und es war damit zu rechnen, daß sie auch so hoch bleiben würde, solange die ausgezeichnete medizinische Behandlung in der Klinik fortgeführt würde! Es war für ihn nicht schwer festzustellen, daß die Kinder an drei Krankheiten starben: A, B und C. Die eine war Malaria. Wenn man mit den Leuten reden und der Sache auf den Grund gehen kann, um dann die richtige Tablette zu geben, läßt sich die Sache im großen und ganzen bereinigen. Eine andere Krankheit war eine Art von Ruhr. Auch hier muß man mit den Leuten reden, kurz den Stuhlgang untersuchen und die Mutter dazu bringen, daß sie dem Kind eine bestimmte Tablette gibt; dann kann die Krankheit in den meisten Fällen behoben werden. Die dritte Krankheit war, glaube ich, eine Wundkrankheit. Hier war es ebenfalls nicht schwierig, das Problem zu lösen, vorausgesetzt, daß man bereit war, Fehler in der Diagnose zu machen, aber dazu muß man bereit sein. Dieser Kinderarzt hatte zu Hause gelernt, daß ein Arzt sich durch makellose Diagnose auszeichnet. Aber er mußte zunächst für sich selbst und später für andere Ärzte einen neuen Berufsstil und eine neue persönliche Qualifikation finden, die dem entsprach, was man an dieser Stelle von ihnen erwartete. Daher holte er sich einige junge, etwa fünfzehnjährige Mädchen aus der Missionsschule am Ort, bildete sie aus und schickte sie in die Dörfer. Sie machten ungeheuer viele Fehler, manche waren vom traditionellen medizinischen Standpunkt aus sogar verheerend. Er hatte Glück, daß es dort keine strenge Arzt- oder Schwesternorganisation und kein Rechtssystem gab, nach dem man ihn wegen falscher Diagnose hätte verklagen können. Aber innerhalb von fünf Jahren fiel die Säuglingssterblichkeit auf 78 von 1000. Aber was hatte die vielen Kinder vorher umgebracht? Eine sakrosankte, stereotype Leistungsauffassung! Das heißt, ein vorgeprägtes Leistungsbild, das uns zur Abgötterei verführt.

Wieviel Gesundheitsfürsorge sollte ein Christ »verbrauchen«? Wir alle wissen, daß es Grenzen gibt für die uns zustehenden Geldmittel und Nahrungsmittel, wenn andere in Armut leben oder verhungern. Und doch sind wir in Großbritannien und in anderen Ländern bereit, Ärzte aus Entwicklungsländern in unsere Länder abzuziehen. Wir sind bereit, Ärzte nach London zu holen, wo auf 400 Personen ein Arzt kommt, während zum Beispiel in Zentralafrika ein Arzt auf 50000 Personen kommt. Welche ethische Grundhaltung ist das, wenn wir die Gesundheitsfürsorge der anderen verbrauchen?

ALEXANDER SOLSCHENIZYN

Schöne Erinnerungen

Oleg Kostoglotov ist einer der Patienten der Krebsstation. Er ist 34 Jahre alt, war aber schon in Lagern und im Exil. Er ist als Exilierter im Spital, und sollte er je entlassen werden, so wäre es nur, um wieder ins Exil zurückzukehren. »Und dennoch wollte er nichts lieber als wieder zurück zu seinem schönen Exil, seinem geliebten Usch-Terek«.

Wenn er das Leben in der Verbannung lachend, mit ständiger Freude hinnahm, hatte Oleg das wohl zuallererst den alten Kadmins zu verdanken – dem Frauenarzt Nikolaj Iwanowitsch und seiner Frau Jelena Alexandrowna. Was den Kadmins in der Verbannung auch geschah, sie hatten immer die Antwort parat: »Wie gut! Um wieviel besser als früher! Was für ein Glück, daß es uns ausgerechnet in diesen bezaubernden Ort verschlagen hat!«

Wenn sie ein ganzes Weißbrot bekommen – diese Freude! Wenn auf dem Markt die Milch billiger wird – diese Freude! Wenn im Klub ein guter Film läuft – Freude! Wenn der Zahntechniker die Prothese bringt – Freude! Eine Frauenärztin wird hierher verbannt – sehr gut! Soll sie die Frauen behandeln; soll sie die verbotenen Abtreibungen machen. Nikolaj Iwanowitsch kann sich dann um die allgemeine Therapie kümmern, das bringt weniger ein, ist aber geruhsamer. Der Sonnenuntergang in der Steppe – orange-rosarot-karmin-purpurn – eine Pracht! Der schlanke, schmächtige, grauhaarige Nikolaj Iwanowitsch reicht der rundlichen, schwerfälligen, kränklichen Jelena Alexandrowna den Arm, und sie gehen gemessenen Schrittes bis zum Rand der Siedlung, um den Sonnenuntergang zu bewundern. (So beweglich er ist, so langsam kommt sie voran.)

Doch ein Leben, das einem Strauß blühender Freuden glich, hatte für sie erst von jenem Tag an begonnen, da sie sich eine eigene Lehmhütte, ein baufälliges Häuschen mit einem Gemüsegarten, gekauft hatten – vermutlich die letzte Heimstatt in ihrem Leben, das letzte Dach über dem Kopf, unter dem sie nun leben und sterben würden. (Sie hatten den Entschluß gefaßt, gemeinsam zu sterben: Wenn der eine stirbt, wird ihm der andere folgen, denn wozu und für wen sollte er weiterleben?) Sie hatten kein einziges Möbelstück, und so wurde dem alten Chomratowitsch, auch ein Verbannter, aufgetragen, in der Ecke ein Rechteck aus Saman zu errichten. Das wurde das Ehebett – so breit, so bequem! Die reine Freude. Ein breiter Matratzensack wurde genäht und mit Stroh vollgestopft. Der nächste Auftrag für Chomratowitsch war ein Tisch, und zwar ein runder. Chomratowitsch war sprachlos – an die siebzig Jahre lebte er auf der Welt, doch nie hatte er einen runden Tisch gesehen. Warum rund? »Ach, bitte!« – und Nikolaj Iwanowitsch rieb seine weißen, geschickten Arzthände: »Bitte, auf jeden Fall rund!« Die nächste Sorge war, eine Petroleumlampe aufzutreiben, doch keine aus Blech, sondern eine aus Glas, auf einem hohen Fuß, und nicht siebenlinear, sondern zehnlinear und unbedingt mit auswechselbarem Glaszylinder. In Usch-Terek war eine solche Lampe nicht zu bekommen, die Beschaffung ging langsam vonstatten, schließlich wurde die Lampe von guten Menschen von weit hergebracht. Nun stand auf dem runden Tisch eine solche Lampe, obendrein mit einem selbstgemachten Lampenschirm – und hier, in Usch-Terek, im Jahre 1954, da man in der Hauptstadt nach modernen Stehlampen herumrannte und auch die Wasserstoffbombe schon erfunden war – da verwandelte diese Lampe auf dem runden, handgezimmerten Tisch das Innere einer Lehmhütte in einen prächtigen Salon des vorvorigen Jahrhunderts. Was für ein Fest! Zu dritt saßen sie um den runden Tisch, und Jelena Alexandrowna sagte gefühlvoll: »Ach, Oleg, wie gut leben wir jetzt! Wissen Sie, abgesehen von der Kindheit ist das die glücklichste Zeit meines Lebens!«

NESTOR PAZ

Brief an Gott

»Mein lieber Gott,
Schon seit langem wollte ich Dir schreiben. Heute fühle ich ein echtes Bedürfnis nach Dir und Deiner Gegenwart, vielleicht, weil der Tod nahe ist oder weil der Kampf bedingt erfolgreich ist. Du weißt, daß ich stets versuche, Dir treu zu bleiben – immer und unter allen Umständen –, und daß dies im Einklang mit meinem ganzen Sein steht. Deshalb schreibe ich Dir heute. Ich begreife Liebe als eine Notwendigkeit, die Probleme des ›anderen‹ zu lösen – denn in dem anderen bist ja Du gegenwärtig.
Was ich besaß, habe ich verlassen und bin hierhergekommen. Vielleicht ist heute mein Gründonnerstag und diese Nacht mein Karfreitag. Aus Liebe zu Dir lege ich alles, was ich bin, in Deine Hände, denn mein Vertrauen in Dich ist grenzenlos. Schmerzlich ist mir nur der Gedanke, daß ich die verlassen muß, die ich am meisten liebe – Cecy und meine Familie –, und daß ich vielleicht den Triumph des Volkes – seine Befreiung – nicht mehr erleben kann.

Unsere Gruppe ist ganz erfüllt von einer ›christlichen‹ Humanität, und ich glaube, daß dies allein schon den Lauf der Geschichte ändern wird. Dieser Gedanke tröstet mich. Ich liebe Dich, und ich gebe Dir alles, was ich bin und was wir sind, ohne Vorbehalt, denn Du bist mein Vater. Kein Tod ist bedeutungslos, wenn das Leben voller Bedeutung gewesen ist, und ich glaube, dies trifft auf uns hier zu.
Chau, Senor, vielleicht sehe ich Dich in Deinem Himmelreich wieder oder in der neuen Welt, die wir so sehr herbeisehnen.«

X

Leid, Tod und ewiges Leben

Du hast mir Gesundheit gegeben, damit ich dir diene, und ich habe einen ganz unheiligen Gebrauch davon gemacht. Du sendest mir jetzt die Krankheit, um mich zu bessern: erlaube nicht, daß ich sie mißbrauche, um dich zu reizen durch meine Ungeduld. Ich habe meine Gesundheit schlecht genutzt, und du hast mich dafür gerecht bestraft: dulde nicht, daß ich deine Strafe schlecht gebrauche. Und da die Verderbtheit meiner Natur so groß ist, daß deine Gunst mir zum Verderben wird, so gib, o mein Gott, daß deine allmächtige Gnade durch deine Züchtigung mein Heil erwirke. Wenn mein Herz erfüllt war von der Liebe zur Welt, solange es noch Kraft in sich fühlte, so vernichte diese Kraft um meines Heiles willen und mache mich unfähig, mich an der Welt zu freuen: Durch die Schwäche des Leibes oder durch die Inbrunst der Liebe, damit ich an dir allein mich freue.

*

Ich bitte dich weder um Gesundheit noch um Krankheit, weder um Leben noch um Tod, sondern daß du über meine Gesundheit und über meine Krankheit, über mein Leben und über meinen Tod gebietest zu deiner Ehre, zu meinem Heil und zum Nutzen der Kirche und deiner Heiligen, zu denen ich durch deine Gnade zu gehören hoffe. Du allein weißt, was mir dienlich ist; du bist der alleinige Herr, tu, was du willst. Gib mir, nimm mir, aber bilde meinen Willen nach dem deinen, daß ich in demütiger und vollkommener Unterwerfung und in heiliger Zuversicht mich anschicke die Gebote deiner ewigen Vorsehung zu empfangen und alles, was mir von dir kommt, immer gleich verehre.

Blaise Pascal

EDUARD SPRANGER

Vom metaphysischen Leid

Das metaphysische Leid ist die unendliche Trauer über das Schicksal der Zeitlichkeit.

Wer sie mit dem Trostwort wegbringen will: »Die Zeit heilt alles«, der bekundet nur, daß er ihr Eigentliches gar nicht erfahren hat. Man sollte umgekehrt klagen: »Die Zeit zerstört alles. Sie läßt sogar das metaphysische Leid stumpf werden.« Sein entscheidendes Kriterium ist jedoch, daß in ihm etwas Überzeitliches durchbricht. Das Wesen dieses Überzeitlichen bleibt verborgen. Nur das negative »Nie wieder« wird hörbar und zerreißt das Herz.

Jeder Mensch – wenn man ihn nur als Gegenstand nimmt – verbraucht sich. Über den zerstörten Gegenstand mag man noch eine Weile betrübt sein. Aber man wird nicht eigentlich darunter »leiden«.

Die geheimnisvolle Tatsache, daß die so selbstverständliche Zerstörung in einer raum- und zeitbeengten Welt doch ein Leiden mit sich bringt, das durch keine Wiederherstellung und keine Ersatzbeschaffung zu heilen ist, legt die Ahnung nahe, daß es noch eine andere Deutung des »Endes« gibt, freilich für ein ganz anderes Sensorium des Menschen als sein Geöffnetsein für leibgebundene Wirklichkeit. Es könnte eben *das Metaphysische sein,* das hier ein Leiden von metaphysischer Gewalt emporpeitscht.

»Wahrscheinlich« kann diese Deutung nicht sein, weil die Grenzen, innerhalb deren uns etwas als »wahr zu scheinen« pflegt, erklärtermaßen überschritten sind. Das »Ganz-anders-Sein« gehört zum Wesen dessen, was uns da begegnet. Oder – nunmehr mit einer gewagteren Terminologie:

Die metaphysische Trennung gerade ist es, die für unser Erleben das Transzendente (die andere Weltordnung) hervortreibt. Und zwar kann dieses Transzendente, da wir als Menschen auf das Bildhaft-Anschauliche angewiesen bleiben, nur in der Form des Mythus umschrieben werden. Es ist kein Zufall, daß Plato, der als philosophischer Denker den »bloßen« Mythus überwunden hat, ihn doch in einem ganz anderen, besser legitimierten Sinne neu geheiligt hat. Die metaphysische Trennung nötigt uns, wenn ein Sinngehalt des Lebens gerettet werden soll, die andere Welt zu *fordern.* So hat schon Kant den Zusammenhang gedeutet. Der Tod wäre also die Pforte, durch die wir in das Reich des Mehr-als-Lebens ahnend hinüberblicken. Wer *diesseits* zurückbleibt, in ihm ist dann der unendliche Schmerz als Klagelaut des Abgetrennten. Die umgekehrte Auffassung, daß nämlich die geistige Person nun endgültig und sichtbar zerstört sei, ist in der Tat viel geläufiger. Wir würden mit ihr im Rahmen unseres leibbedingten Auffassungsschemas verharren. Warum aber *beruhigen* wir uns nicht mit diesem Geläufigen? Warum entsteht gerade an dieser Grenze die größte Unruhe des Herzens? Wer fest überzeugt ist, daß wir als Sterbliche geboren sind, der müßte es leicht hinnehmen, daß wir – früher oder später –, jedenfalls »in der Zeit«, sterben. Dieses Sterben würde nichts weiter besagen, als daß das Instrument des Lebens – der Leib – verbraucht ist. Das Sterben als Naturvorgang lehren uns ja alle höheren Gebilde, die am zeitlichen Lebensprozeß Anteil haben. In der geisterfüllten Welt aber könnte ein ganz Neues, das nicht mehr »an der Zeit verloren« ist, durchbrechen. Dann erst wäre das Sterben ohne metaphysische Trennung. Ihr Erlebnisreflex in der zeitgebundenen Welt wäre *der unendliche Schmerz.*

Wenn man völlig darauf verzichtet hat, aus sich selbst etwas zu machen – sei es einen Heiligen oder einen bekehrten Sünder oder einen Kirchenmann (eine sogenannte priesterliche Gestalt!), einen Gerechten oder einen Ungerechten, einen Kranken oder einen Gesunden – und dies nenne ich Diesseitigkeit, nämlich in der Fülle der Aufgaben, Fragen, Erfolge und Mißerfolge, Erfahrungen und Ratlosigkeiten leben –, dann wirft man sich Gott ganz in die Arme, dann nimmt man nicht mehr die eigenen Leiden, sondern das Leiden Gottes in der Welt ernst, dann wacht man mit Christus in Gethsemane, und ich denke, das ist Glaube, das ist „Metanoia" (Umdenken, Sinnesänderung); und so wird man ein

Mensch, ein Christ (vgl. Jeremia 45!). Wie sollte man bei Erfolgen übermütig oder an Mißerfolgen irre werden, wenn man im diesseitigen Leben Gottes Leiden mitleidet?

*

Der Schmerz ist dem größten Teil unseres Lebens fremd gewesen. Möglichste Schmerzlosigkeit war einer der unbewußten Leitsätze unseres Lebens. Differenziertes Empfinden, intensives Erleben des eigenen und des fremden Schmerzes sind die Stärke und zugleich die Schwäche unserer Lebensform.

*

Es ist unendlich viel leichter, im Gehorsam gegen einen menschlichen Befehl zu leiden als in der Freiheit eigenster verantwortlicher Tat. Es ist unendlich viel leichter, in Gemeinschaft zu leiden als in Einsamkeit. Es ist unendlich viel leichter, öffentlich und unter Ehren zu leiden als abseits und in Schanden. Es ist unendlich viel leichter, durch den Einsatz des leiblichen Lebens zu leiden, als durch den Geist. Christus litt in Freiheit, in Einsamkeit, abseits und in Schanden, an Leib und Geist, und seither viele Christen mit ihm.

Dietrich Bonhoeffer

GIORDANO BRUNO

Jetzt und dann

Du Ursach, Grund und Eins in allen Dingen,
die da sind, leben und ringsum sich regen,
in Weite, Länge, Tiefe sich bewegen,
wovon die Erde und die Himmel klingen.

Wie mühsam mußte dich mein Geist erringen,
den Raum, Zeit, Ziel und Grenze eng umhegen,
stets will er dich mit Maß und Zahl belegen,
doch deine Macht mißt nach des Ewigen Schwingen.

Vergänglich Glück, die Zeit, das blinde Irren,
der stumpfe Neid, der Zorn, die bittren Sorgen,
das träge Herz, das sich darin verborgen,

sie alle sollen mich nicht mehr verwirren,
nie mehr vor meinen Augen dich verhüllen,
wenn deine Strahlen alle Räume füllen.

ANDRE GIDE

Leben unter dem Leid

Ich glaube, daß die Krankheiten Schlüssel sind,
die uns gewisse Tore öffnen können.
Ich glaube, es gibt gewisse Tore,
die einzig die Krankheit öffnen kann.
Es gibt jedenfalls einen Gesundheitszustand,
der uns nicht erlaubt, alles zu verstehen.

Vielleicht verschließt uns die Krankheit
einige Wahrheiten;
ebenso aber verschließt uns
die Gesundheit andere oder führt
uns davon weg, so daß wir uns
nicht mehr darum kümmern.
Ich habe unter denen,
die sich einer unerschütterten
Gesundheit erfreuen, noch keinen
getroffen, der nicht nach irgendeiner
Seite hin ein bißchen beschränkt
gewesen wäre, wie solche,
die nie gereist sind;
und ich erinnere mich,
daß Charles-Louis Philippe
die Krankheiten sehr schön
„die Reisen der Armen“ nannte.

BRÜDER GRIMM

Die Boten des Todes

Ein junger Mann hatte dem Tod in einer sehr schwierigen und notvollen Lage geholfen. Dafür hatte ihm der Tod versprochen, ihn nicht unversehens zu überfallen, sondern ihm seine Boten zu senden, bevor er käme, ihn abzuholen. »Wohlan«, sprach der Jüngling, »immer ein Gewinn, daß ich weiß, wann du kommst, und so lange wenigstens sicher vor dir bin.« Dann zog er weiter, war lustig und guter Dinge und lebte in den Tag hinein. Allein Jugend und Gesundheit hielten nicht lange aus, bald kamen Krankheiten und Schmerzen, die ihn bei Tag plagten und ihm nachts die Ruhe wegnahmen. »Sterben werde ich nicht«, sprach er zu sich selbst, »denn der Tod sendet erst seine Boten, ich wollte nur, diese bösen Tage der Krankheit wären erst vorüber.« Sobald er sich gesund fühlte, fing er wieder an, in Freuden zu leben. Da klopfte ihn eines Tages jemand auf die Schulter; er blickte sich um, und der Tod stand hinter ihm und sprach: »Folge mir, die Stunde deines Abschieds von der Welt ist gekommen.« – »Wie«, antwortete der Mensch, »willst du dein Wort brechen? Hast du mir nicht versprochen, daß du mir, bevor du selber kämest, deine Boten senden wolltest? Ich habe keinen gesehen.« – »Schweig«, erwiderte der Tod, »habe ich dir nicht einen Boten über den anderen geschickt? Kam nicht das Fieber, stieß dich an, rüttelte dich und warf dich nieder? Hat der Schwindel dir nicht den Kopf betäubt? Zwickte dich nicht die Gicht an allen Gliedern? Brauste es dir nicht in den Ohren? Nagte nicht der Zahnschmerz in deinen Backen? Ward es dir nicht dunkel vor den Augen? Über das alles, hat nicht mein leiblicher Bruder, der Schlaf, dich jeden Abend an mich erinnert? Lagst du nicht in der Nacht, als wärst du schon gestorben?« Der Mensch wußte nichts zu erwidern, er gab sich in sein Geschick und ging mit dem Tode fort.

ARNO PÖTZSCH

Unverloren

Du kannst nicht tiefer fallen
als nur in Gottes Hand,
die er zum Heil uns allen
barmherzig ausgespannt.

Es münden alle Pfade
durch Schicksal, Schuld und Tod
doch ein in Gottes Gnade
trotz aller unsrer Not.

Wir sind von Gott umgeben
auch hier in Raum und Zeit
und werden sein und leben
in Gott und Ewigkeit.

DINO BUZZATI

Das Haus mit den sieben Stockwerken

Nach einer eintägigen Bahnfahrt traf Giuseppe Corte an einem Märzmorgen in der Stadt ein, in der die berühmte Heilstätte lag. Er hatte ein wenig Fieber, wollte aber gleichwohl den Weg vom Bahnhof zum Krankenhaus zu Fuß zurücklegen und dabei auch selber sein Köfferchen tragen.

Obwohl seine Erkrankung sich nur in leichtester Form bemerkbar gemacht hatte, war ihm doch das weithin bekannte Sanatorium empfohlen worden, in dem nichts anderes behandelt wurde als nur diese einzige Krankheit. Daher galten die Ärzte dort als außergewöhnliche Spezialisten, und die gewissenhafteste Vollständigkeit in der Einrichtung war garantiert.

Als er das Haus von weitem entdeckte – und er erkannte es sogleich nach einer Fotografie, die er in einem Prospekt gesehen hatte – , machte es auf Giuseppe Corte einen überwältigenden Eindruck. Das weiße, siebenstöckige Gebäude war regelmäßig von Einbuchtungen durchbrochen, die ihm das Aussehen eines Hotels verliehen. Ringsherum stand eine Einfriedung von hohen Bäumen. Nach einer ersten, oberflächlichen Visite und in Erwartung einer genaueren und umfassenden ärztlichen Untersuchung wurde Giuseppe Corte in ein freundliches Zimmer des obersten Stockwerks eingewiesen. Die Möbel waren wie die Tapete hell und angenehm, die Sessel aus Holz, die Kissen mit bunten Stoffen überzogen. Die Aussicht erstreckte sich über einen der schönsten Stadtteile. Alles war still, gastfreundlich und beruhigend.

Giuseppe Corte legte sich sogleich zu Bett und begann beim Licht der kleinen, oberhalb seines Kopfkissens angebrachten Lampe in einem Buch zu lesen, das er sich mitgebracht hatte. Kurz darauf trat eine Krankenschwester ein, um ihn zu fragen, ob er irgend etwas wünsche.

Giuseppe Corte hatte keine besonderen Wünsche, nahm aber gern die Gelegenheit wahr, sich mit der jungen Frau zu unterhalten, wobei er dies und das über die Heilstätte wissen wollte. So lernte er die bemerkenswerte Art und Weise dieses Hospitals kennen. Die Patienten waren je nach dem Krankheitsbild über die sechs Stockwerke und das Erdgeschoß verteilt. Im sechsten, also dem obersten, waren die ganz leichten Fälle untergebracht.

Abgesehen davon, daß dieses einzigartige System den Dienst außerordentlich erleichterte und in Schwung hielt, verhinderte es auch, daß einen leicht Erkrankten die Nachbarschaft eines Gefährten, der in Agonie lag, aufregen könnte, es garantierte vielmehr in jedem Stock eine gleichmäßige Atmosphäre. Andererseits konnte die Behandlung gradweise bis zur Vollkommenheit abgestuft werden und die bestmöglichen Resultate erzielen.

Als die Schwester das Zimmer verlassen hatte, ging Giuseppe Corte im Gefühl, das Fieber sei geschwunden, zum Fenster und blickte hinaus; nicht um die Ansicht der Stadt zu genießen, obwohl sie ihm neu war, sondern in der Hoffnung, in den unteren Stockwerken durch die Fenster hindurch andere Kranke zu entdecken.

Die Bauart des Hauses mit seinen großen Einbuchtungen ermöglichte eine solche Beobachtung. Zumal auf die Fenster des Erdgeschosses richtete Giuseppe Corte seine Aufmerksamkeit: sie schienen unendlich fern zu sein, und er konnte sie nur erkennen, wenn er sich weit hinauslehnte. Doch sah er nichts, was seiner Beachtung wert gewesen wäre. Die Mehrzahl jener Fenster war durch graue Rolläden hermetisch verschlossen.

Da wurde Corte eines Mannes gewahr, der an einem Fenster neben seinem eigenen stand. Die beiden sahen sich lange Zeit an, mit wachsender Sympathie, und doch wußten sie nicht, wie sie das Schweigen brechen sollten. Endlich gab sich Giuseppe Corte einen Stoß und sagte: »Sind Sie auch erst seit kurzem hier?«

»O nein«, antwortete der andere, »schon seit zwei Monaten!« Er schwieg wieder einige Sekunden, wußte nicht recht, wie er das Gespräch fortführen könne, und fügte endlich hinzu: »Ich sah eben nach meinem Bruder ... da unten.«

»Nach Ihrem Bruder?«

»Ja«, erklärte der Unbekannte, »wir sind zusammen hier angekommen; ein sehr eingenartiger Fall, sein Zustand hat sich verschlechtert, stellen Sie sich vor, er liegt jetzt schon im dritten.«

»In was für einem dritten?«

»Im dritten Stock«, erläuterte der Mann und sprach die beiden Worte in einem derartigen Ton des Mitleids und Schreckens aus, daß Giuseppe Corte ganz verblüfft dastand.

»Aber sind denn die Fälle so schwer im dritten Stock?« fragte er vorsichtig.

»Du lieber Gott«, meinte der andere, langsam den Kopf schüttelnd. »Sie sind noch nicht verzweifelt, doch da ist nicht mehr viel Grund zur Heiterkeit vorhanden.«

»Aber, dann ...«, fragte Corte wieder, mit der leichtsinnigen Unbefangenheit eines Menschen, der auf tragische Begebenheiten anspielt, die ihn selbst nicht betreffen, »wenn im dritten Stock schon derart Schwerkranke liegen, wen bringt man denn dann im Erdgeschoß unter?«

»Oh«, sagte der andere, »die Moribunden. Dort unten haben die Ärzte nichts mehr zu schaffen. Nur der Priester ist da tätig. Und natürlich ...«

»Aber es liegen nur wenige im Erdgeschoß«, unterbrach Giuseppe Corte, als brauche er dringend eine Bestätigung, »fast alle Zimmer sind geschlossen.«

»Es sind nur wenige, jetzt wohl, aber heute morgen waren es mehr«, erwiderte der Fremde mit einem dünnen Lächeln. »Dort, wo die Rolläden herabgelassen sind, ist irgendjemand vor kurzem gestorben. Sehen Sie übrigens nicht selbst, daß in den anderen Stockwerken alle Fensterläden offen stehen? Doch entschuldigen Sie mich«, und er zog sich langsam zurück. »Es scheint kalt zu werden. Ich gehe wieder ins Bett. Gute Besserung.«

Der Mann verschwand von der Brüstung, und das Fenster wurde energisch geschlossen, dann sah man drinnen Licht aufflammen. Giuseppe Corte blieb noch regungslos am Fenster stehen und starrte die herabgelassenen Rolläden des Erdgeschosses an. Er starrte sie an mit einer krampfhaften Intensität und suchte sich die tödlichen Geheimnisse jener Abteilung vorzustellen, in die die Kranken zum Sterben gebracht wurden; und er fühlte Erleichterung bei der Gewißheit, so weit davon entfernt zu sein. Auf die Stadt sanken unterdessen die Schatten des Abends. Eines nach dem anderen leuchteten die tausend Fenster des Sanatoriums auf; aus der Ferne hätte man an einen festlichen Palast denken können. Nur im Erdgeschoß, weit unten, wo der steile Abgrund begann, blieben viele Fenster blind und dunkel.

Das Ergebnis der ärztlichen Hauptuntersuchung stimmte Corte wieder heiterer. Gewohnt, immer das Schlechteste vorauszusehen, hatte er sich im Innern schon auf ein schwerwiegendes Urteil gefaßt gemacht und wäre nicht überrascht gewesen, wenn der Arzt erklärt hätte, er müsse ihn dem tieferen Stockwerk überweisen. (Das Fieber machte tatsächlich keine Anstalten zu verschwinden, wenn auch Cortes übriger Zustand befriedigend war.) Doch der Doktor gab ihm nur herzliche und ermunternde Worte. Ein Keim des Übels sei zwar vorhanden, sagte er, aber nur ganz leicht; in zwei, drei Wochen würde wohl alles vorüber sein.

»Dann bleibe ich also im obersten Stock?« hatte Giuseppe Corte hier ängstlich gefragt.

»Aber das ist doch selbstverständlich!« hatte der Arzt geantwortet und ihm dazu freundschaftlich auf die Schulter geschlagen, »wohin gedachten Sie denn zu ziehen? In den dritten etwa?« fragte er lachend und tat so, als spiele er mit der unsinnigsten und schwärzesten Vorstellung.

So blieb Giuseppe Corte tatsächlich in dem Zimmer, das ihm zu Anfang angewiesen worden war. An den seltenen Nachmittagen, da ihm erlaubt wurde, aufzustehen, lernte er ein paar Gefährten des Heimes kennen. Pedantisch befolgte er die Kurvorschrift und setzte all seinen Eifer daran, schnell gesund zu werden; gleichwohl schien es, als verändere sein Zustand sich nicht.

Es waren ungefähr zehn Tage vergangen, als der Oberpfleger des sechsten Stockwerks sich bei Giuseppe Corte einfand. Er kam, ihn um eine Gefälligkeit rein freundschaftlicher Art zu bitten: am folgenden Tag sollte eine Dame mit zwei Kindern im Hospital eintreffen; zwei Zimmer waren frei, gerade neben diesem hier, aber es fehlte noch das dritte. Würde Herr Corte vielleicht damit einverstanden sein, in ein anderes, ebenso gemütliches Zimmer zu übersiedeln?

Giuseppe Corte machte natürlich keinerlei Schwierigkeiten; ein Zimmer oder das andere, das war ihm gleich; vielleicht würde er sogar eine neue und noch hübschere Pflegerin bekommen.

»Ich danke Ihnen von Herzen«, sagte der Krankenwärter mit einer leichten Verbeugung, »ich gestehe, daß mich eine so freundliche Kavaliersgeste bei einer Persönlichkeit, wie Sie es sind, nicht überrascht. In einer Stunde, wenn Sie nichts dagegen haben, werden wir den Umzug vornehmen. Achten Sie übrigens bitte darauf, daß Sie zu dem Stockwerk unter dem unseren hinabsteigen« – er fügte das mit geringerem Nachdruck hinzu, als handele es sich um eine völlig belanglose Nebensache –, »leider sind in diesem Stock hier keine weiteren Zimmer frei. Aber es ist ja nur eine vorübergehende Regelung«, beeilte er sich zu erklären, als er sah, daß Corte sich mit einem Schlag aufrichtete und den Mund zu einem Protest öffnete, »eine absolut vorübergehende Regelung. Sobald ein Zimmer frei ist, und ich glaube, daß dies in zwei, drei Tagen der Fall sein wird, können Sie wieder hierher zu uns nach oben zurückkehren.«

»Ich muß Ihnen gestehen«, sagte Giuseppe Corte und lächelte, um zu zeigen, daß er kein Kind sei, »ich muß Ihnen gestehen, daß eine

Umquartierung dieser Art mir tatsächlich nicht sehr angenehm ist.

»Aber sie hat doch keinerlei medizinische Ursache; ich verstehe genau, was Sie sagen wollen, es handelt sich jedoch einzig und allein um eine Gefälligkeit gegenüber jener Dame, die nicht gern von ihren Kindern getrennt werden möchte ... Um Gottes willen«, und er lachte herzlich, »lassen Sie sich doch nicht einfallen, es könnten andere Gründe vorliegen!«

»Also gut«, sagte Giuseppe Corte, »aber ich fürchte, es ist von schlechter Vorbedeutung.«

So gelangte Corte in den fünften Stock, und obwohl er sich hatte überzeugen lassen, daß diese Umquartierung wirklich nicht mit einer Verschlimmerung seines Übels zusammenhinge, fühlte er sich unbehaglich bei dem Gedanken, daß sich zwischen ihm und der gewöhnlichen Welt der gesunden Menschen bereits ein Hindernis aufgerichtet hatte. Im sechsten Stock, dem Ankunftshafen, stand man in gewisser Weise noch mit der menschlichen Gemeinschaft in Beziehung. Aber im fünften trat man in den eigentlichen Bereich des Krankenhauses ein; hier war schon das Gebaren der Ärzte, der Pflegerinnen und der Kranken selbst ein wenig anders. Man gab bereits zu, daß dieses Stockwerk regelrecht und eigentlich Kranke beherberge, wenn diese auch noch nicht als schwere Fälle bezeichnet werden konnten. Von den ersten Gesprächen an, die Giuseppe Corte mit seinen Zimmernachbarn, dem Personal, den Wärtern führte, merkte er ganz deutlich, daß in dieser Abteilung der sechste Stock als Bagatelle angesehen wurde. Er war lediglich für Dilettanten der Krankheit eingerichtet, für Leute, die in der Hauptsache von ihrer eigenen Einbildung infiziert waren; mit dem fünften fing es erst eigentlich an.

Wie dem auch sein mochte, Giuseppe Corte begriff, daß er auf mancherlei Schwierigkeiten stoßen würde, nach oben zurückzukehren, wo doch nach dem Stand seiner Krankheit der ihm gebührende Platz war. Um wieder in das sechste Stockwerk zu gelangen, mußte er einen ganzen Apparat in Bewegung setzen; es war kein Zweifel daran, daß niemand, wenn er sich nicht selber rührte, auf den Gedanken kommen würde, ihn aufs neue in das höhere Stockwerk der »eigentlich Gesunden« einzuweisen.

Giuseppe Corte nahm sich deshalb vor, auf seinem Recht zu bestehen und sich nicht von der Gewöhnung einlullen zu lassen. Den Gefährten seiner Abteilung gegenüber legte er großen Wert auf die Feststellung, daß er mit ihnen nur ein paar Tage zusammensein werde, daß er selbst den Wunsch geäußert habe, einen Stock tiefer zu ziehen, um einer Dame einen Gefallen zu tun, und daß er wieder hinaufwandern werde, sobald ein Zimmer frei sei. Die anderen billigten, wenig überzeugt, seine Worte.

Im Urteil des neuen Arztes fand die Meinung Giuseppe Cortes volle Bestätigung. Auch er mußte zugeben, daß Giuseppe Corte sehr gut ins sechste Stockwerk eingewiesen werden könnte; die Symptome seiner Krankheit seien ausge-sproch-en ge-ring-füg-ig – und er skandierte diese Diagnose, um ihr Gewicht zu verleihen –, doch im übrigen sei er der Meinung, daß Giuseppe Corte im fünften Stock vielleicht doch besser behandelt werden könne.

»Fangen wir doch nicht mit derlei Geschichten an«, unterbrach der Kranke an diesem Punkt mit Entschiedenheit. »Sie haben mir gesagt, mein Platz sei im obersten Stock, und ich will dahin zurück!«

»Niemand hat etwas dagegen eingewendet«, antwortete der Arzt, »mein Rat war, schlicht und einfach ausgedrückt, nicht der eines Arz-tes, sondern eines wahr-haf-ten Freundes! Ihr Krankheitsgrad, ich wiederhole es, ist geringfügig (es wäre nicht übertrieben zu behaupten, daß Sie gar nicht wirklich *krank* sind); aber meiner Erfahrung nach kann man, zurückschließend auf ähnliche Fälle, eine größere Ausbreitung befürchten! Ich darf mich näher erklären: die Heftigkeit des Übels ist kaum nennenswert, aber seine Schwingungsweite beachtlich; der Auflösungsprozeß des Zellgewebes« – es war das erste Mal, daß Giuseppe Corte diese finstere Bezeichnung vernahm –, »der Auflösungsprozeß des Zellgewebes steckt absolut in den Anfängen, vielleicht hat er noch gar nicht begonnen, aber er verrät die Anlage, ich sage nur: die Anlage, gleichzeitig große Teile im Organismus zu befallen. Nur deshalb können Sie, meines Erachtens, nachhaltiger hier im fünften Stock behandelt werden, wo die therapeutischen Methoden wirksamer sind und noch mehr der Eigenart unserer Krankheit entsprechen.«

Eines Tages wurde Corte berichtet, daß der Chefarzt des Hauses, nach einer langen Beratung mit seinen Mitarbeitern, beschlossen hatte, die Unterteilung der Patienten zu verändern. Der Grad eines jeden wurde, um es so auszudrücken, um einen halben Punkt gesenkt. Nachdem man die Kranken jedes Stockwerks nach der Schwere ihres Falles in zwei Kategorien eingeteilt hatte (welche Teilung von den betreffenden Stationsärzten unter Ausschluß jeglicher Bekanntmachung vorgenommen wurde), siedelte man vom Zentralbüro aus die untere dieser beiden Hälften ein Stockwerk tiefer an. Diese Nachricht erfreute Giuseppe Corte, denn in einem so grundlegenden Umzugssystem würde seine Rückkehr in den sechsten Stock besser gelingen.

Als er bei der Pflegerin auf diese seine Hoffnung zu sprechen kam, traf ihn eine bittere Überraschung. Er erfuhr nämlich, daß er zwar umziehen werde, aber nicht in den sechsten, sondern in den vierten Stock. Aus Gründen, die ihm die Schwester nicht näher zu erklären wußte, war er der »ernsteren« Hälfte der Patienten vom fünften Stock zugezählt worden.

Als die erste Verblüffung vorüber war, packte Giuseppe Corte die Wut; er schrie, daß man ihn auf gemeine Weise betrüge, daß er nichts von weiterenUmquartierungen nach unten hören wolle, daß er nach Hause zurückkehren werde, daß Recht Recht sei und daß die Büroleitung des Krankenhauses nicht derartig offenkundig die Diagnosen der Ärzte durchkreuzen könne.

Während er noch schrie, langte keuchend der Arzt an, um ihn zu beruhigen. Er riet Corte, sich nicht so aufzuregen, wenn er nicht seine Fieberkurve ansteigen lassen wolle, er erklärte, daß ein Mißverständnis geschehen sei, wenigstens teilweise. Noch einmal gab er zu, daß Giuseppe Corte im sechsten Stock an seinem richtigen Platz wäre, aber er fügte hinzu, daß er für seinen Teil einen etwas anderen Vorschlag habe, wenn auch nur rein privat. Am Ende könne Cortes Krankheit – in einem gewissen Sinn, versteht sich –, auch zum fünften Grad gerechnet werden, und zwar infolge der Ausbreitung der Krankheitsmerkmale. Dennoch sei es ihm unverständlich, wie Corte in die untere Hälfte des fünften Stockwerks habe eingeteilt werden können. Wahrscheinlich habe der Direktionssekretär, der ihn gerade heute morgen telefonisch nach Giuseppe Cortes genauem klinischen Befund gefragt hatte, sich beim

Abschreiben geirrt. Oder aber die Direktion hatte bei dieser Gelegenheit sein Urteil leicht »gesenkt«, da er als ein besonders erfahrener, aber etwas zu nachsichtiger Arzt angesehen werde. Endlich empfahl er Corte, sich nicht aufzuregen, ohne Protest die Umquartierung auf sich zu nehmen; was zähle, sei die Krankheit, nicht der Platz, an dem ein Patient untergebracht sei.

Was nun die Behandlung betraf – fügte der Arzt noch hinzu – , so würde Giuseppe Corte sich nicht zu beklagen haben; der Stationschef des tieferen Stockwerks hatte zweifellos größere Erfahrung, es sei sozusagen logisch, daß die Fähigkeiten der Ärzte, wenigstens nach Ansicht der Direktion, je tiefer man hinabsteige, desto mehr anstiegen. Das Zimmer sei von gleicher Bequemlichkeit und Eleganz. Die Aussicht ebenso weit: erst vom zweiten Stock abwärts werde die Sicht durch die Bäume der Einfriedung beeinträchtigt. Giuseppe Corte, eine Beute seines abendlichen Fiebers, lauschte den peinlichen Rechtfertigungen des Doktors mit wachsender Müdigkeit. Am Ende wurde ihm klar, daß ihm die Kraft und vor allem der Wille fehlten, sich weiterhin gegen den ungerechten Umzug aufzulehnen. Und er ließ sich in das tiefere Stockwerk bringen.

Als er sich im vierten Stockwerk befand, war Giuseppe Cortes einziger, wenn auch ärmlicher Trost die Gewißheit, daß er nach übereinstimmendem Urteil der Ärzte, Wärter und Kranken in dieser Abteilung der leichteste Fall von allen war. Hier konnte er sich immerhin auf weite Sicht als den Glücklichsten ansehen. Aber andererseits peinigte ihn der Gedanke, daß nunmehr zwei Schranken zwischen ihm und der Welt der normalen Menschen standen.

Im voranschreitenden Frühling wurde unterdessen die Luft immer milder, doch Giuseppe Corte liebte es nicht mehr, wie in den ersten Tagen, am Fenster zu stehen; obgleich eine derartige Furcht reine Albernheit war, fühlte er sich beim Anblick der fast immer geschlossenen Fenster im Erdgeschoß, die sehr viel näher gerückt waren, durch und durch von einem seltsamen Schauder geschüttelt. Sein Übel schien unverändert. Nach drei Tagen Aufenthalt im vierten Stock zeigte sich sogar ein Hautausschlag am rechten Bein, der in den folgenden Tagen keine Anzeichen einer Heilung gab.

Es sei eine Infektion – sagte der Arzt –, absolut unabhängig vom Grundübel, eine Unannehmlichkeit, die dem gesündesten Menschen von der Welt widerfahren könne. Um sie in wenigen Tagen auszutreiben, wäre eine kräftige Bestrahlung anzuraten.
»Kann man diese Bestrahlung hier nicht erhalten?« fragte Giuseppe Corte.
»Gewiß«, antwortete der Arzt erfreut, »unser Hospital hat alles zur Verfügung. Es sei nur eine einzige Unbequemlichkeit dabei ...«
»Welche?« murmelte Corte mit einem unbestimmten Vorgefühl.
»Unbequemlichkeit ist nur so ein Ausdruck«, verbesserte sich der Doktor. »Ich wollte sagen, daß die Apparate zur Bestrahlung sich nur im dritten Stock befinden, und ich rate Ihnen ab, dreimal täglich diesen Weg auf sich zu nehmen.«
»Also, dann geht es nicht?«
»Es wäre besser, wenn Sie, bis der Ausschlag geheilt ist, die Freundlichkeit haben würden, in den dritten zu ziehen.«
»Genug!« brüllte da Giuseppe Corte. »Ich habe jetzt genug vom Abstieg! Und wenn ich krepieren muß, in den dritten gehe ich nicht!«
»Wie Sie meinen«, sagte der andere einlenkend, um ihn nicht zu verstimmen, »aber als verantwortlicher Arzt muß ich Ihnen leider verbieten, dreimal täglich hinunterzugehen.«
Das Schlimme war jedoch, daß der Ausschlag, anstatt abzutrocknen, sich langsam verbreitete. Giuseppe Corte konnte keine Ruhe finden und warf sich dauernd im Bett hin und her. Drei Tage lang hielt er es so, zornerfüllt, aus, dann mußte er nachgeben. Mit einem plötzlichen Entschluß bat er den Arzt, sich der Bestrahlung unterziehen zu dürfen und in das tiefere Stockwerk umgebettet zu werden.
Dort unten angelangt, bemerkte er mit uneingestandener Befriedigung, daß er eine Ausnahme darstellte. Die anderen Patienten der Abteilung waren durchaus in sehr ernstem Zustand und durften nicht eine Minute lang das Bett verlassen. Er hingegen konnte sich den Luxus leisten, von seinem Zimmer aus zu Fuß aufrecht in den Bestrahlungsraum hinüberzugehen, begleitet von den Komplimenten und der Bewunderung der Krankenschwestern.

Dem neuen Arzt schilderte er präzise und mit besonderem Nachdruck seine ganz außerordentliche Lage. Ein Kranker, der eigentlich Anrecht auf den sechsten Stock hatte, fand sich plötzlich im dritten wieder. Im Augenblick, da der Ausschlag geheilt sei, werde er, so war seine feste Absicht, wieder nach oben zurückkehren. Er würde absolut keine einzige Entschuldigung mehr gelten lassen. Er, der sich rechtmäßigerweise noch im sechsten Stock befinden müßte!

»Im sechsten, im sechsten!« rief der Arzt lächelnd, der erst jetzt mit seiner Untersuchung fertig war. »Ihr Patienten müßt doch immer übertreiben. Ich bin der erste, der zugibt, daß Sie mit Ihrem Zustand zufrieden sein können; soviel ich aus dem Krankenbericht sehe, hat es keine wesentlichen Verschlimmerungen gegeben. Aber auf Grund dessen gleich vom sechsten Stock zu sprechen – entschuldigen Sie meine rauhe Offenheit –, da gibt es doch noch einen Unterschied. Sie gehören zu den Fällen, die weniger Besorgnis erregen, aber Sie sind doch gleichwohl ein Patient!«

»Also dann, bitte«, sagte Giuseppe Corte, während glühende Röte sein ganzes Gesicht überzog, »in welches Stockwerk würden Sie mich legen?«

»Mein Gott, das läßt sich nicht so einfach sagen, ich habe Sie erst einmal flüchtig untersucht; um das zu bestimmen, müßte ich Sie wenigstens eine Woche lang beobachten.«

»Bitte sehr« – Corte blieb hartnäckig –, »bald werden Sie ja Bescheid wissen.«

Um ihn zu beruhigen, dachte der Arzt einen Augenblick lang scheinbar tief nach, dann nickte er mit dem Kopf und sagte langsam: »Mein Gott! Um Ihnen einen Gefallen zu tun, nun also, wir könnten Sie schließlich in den fünften stecken. Ja, ja«, fügte er hinzu, wie um sich selber zu überzeugen. »Der fünfte wäre wohl das Richtige.«

Der Doktor glaubte, den Kranken damit zu erfreuen. Stattdessen verbreitete sich Schrecken auf dem Gesicht Giuseppe Cortes: jetzt erkannte er, daß die Ärzte ihn getäuscht hatten. Da war nun dieser neue Mediziner, offenbar fähiger und ehrlicher als die anderen, und in seinem Herzen – das war klar ersichtlich – sah er in Corte nicht einen Patienten des sechsten, sondern des vierten Stocks und vielleicht gar in der unteren Hälfte des vierten. An diesem Abend war das Fieber hoch.

Der Aufenthalt im dritten Stock bedeutete für Giuseppe Corte die ruhigste Zeit seit der Aufnahme im Hospital. Der Arzt war ein überaus sympathischer Mensch, aufmerksam und herzlich; oft hielt er sich ganze Stunden damit auf, über die verschiedensten Dinge zu plaudern. Und auch Giuseppe Corte disputierte mit Freuden, indem er sich Themen wählte, die sein gewöhnliches Leben als Rechtsanwalt und Weltmann betrafen. So suchte er sich selbst von seiner Zugehörigkeit zur Gesellschaft der gesunden Menschen und der Tatsache zu überzeugen, daß er noch immer mit der Geschäftswelt in Verbindung stehe und sich für öffentliche Angelegenheiten interessiere. Er versuchte es; ohne Erfolg. Unweigerlich kam das Gespräch auf die Krankheit zurück.

Der Wunsch nach einer Besserung, welcher Art auch immer, war inzwischen zur Besessenheit geworden. Leider hatten die Bestrahlungen nicht genügt, um den Hautausschlag zu beseitigen, wenn es auch gelungen war, eine weitere Ausdehnung zu verhindern. Jeden Tag sprach Giuseppe Corte mit dem Arzt des langen und breiten darüber und bemühte sich, überlegen, ja sogar ironisch zu erscheinen; ohne Erfolg.

»Sagen Sie mir, Doktor«, fragte er eines Tages, »wie geht es dem Auflösungsprozeß meiner Zellgewebe?«

»Oh, was für scheußliche Worte!« rief der Arzt scherzhaft empört.

»Wo haben Sie die nur gelernt? Das gehört sich doch nicht, das ist nicht recht, zumal für einen Patienten nicht! Nie wieder will ich solche Reden von Ihnen hören.«

»Geht in Ordnung!« meinte Corte, »aber damit haben Sie meine Frage nicht beantwortet.«

»Oh, ich antworte Ihnen sofort«, sagte der Arzt höflich. »Der Auflösungsprozeß der Zellgewebe, um Ihren unausstehlichen Ausdruck zu wiederholen, ist in Ihrem Fall gering, absolut gering. Aber ich bin versucht, ihn hartnäckig zu nennen.«

»Hartnäckig? Chronisch wollen Sie sagen?«

»Drehen Sie mir nicht die Worte im Mund herum. Ich wollte nur sagen: hartnäckig. Im übrigen verhält es sich so bei der Mehrzahl

der Fälle. Auch ganz leichte Infektionen benötigen oft eine energische und langwierige Behandlung.«
»Aber sagen Sie mir, Herr Doktor, wann werde ich dann auf eine Besserung hoffen können?«
»Wann? Prognosen sind bei derlei Fällen leider ziemlich schwierig«, und er fügte nach einer nachdenklichen Pause hinzu: »Aber hören Sie, ich sehe ja, daß Sie eine wahrhafte Gier danach haben, gesund zu werden ... Wenn ich nicht fürchten müßte, Sie zu erzürnen, würde ich Ihnen einen Rat geben ...«
»Aber sagen Sie doch, sagen Sie es ruhig, Herr Doktor ...«
»Nun gut, ich werde Ihnen das Problem in sehr klaren Worten darstellen. Nehmen wir einmal an, ich wäre von diesem Übel, wenn auch in leichtester Form, befallen und in dieses Sanatorium eingeliefert worden, das übrigens vielleicht das beste ist, welches existiert; ja also ich würde mich ganz von selbst und zwar vom ersten Tage an, verstehen Sie, vom ersten Tage an in einem der unteren Stockwerke einquartieren lassen. Ich würde mich unmittelbar im ...«
»Im Erdgeschoß?« schlug Corte mit gezwungenem Lächeln vor.
»O nein, nicht im Erdgeschoß«, antwortete, ebenfalls voll Ironie, der Arzt, »das nun gerade nicht unbedingt. Aber gewiß im zweiten oder auch im ersten Stock. In den unteren Stockwerken wird die Heilmethode sehr viel gründlicher angewandt, ich kann Sie dessen versichern, die technische Einrichtung ist vollständiger und wirksamer, das Personal tüchtiger. Sie wissen doch, wer die Seele dieses Hauses ist?«
»Ist das nicht Professor Dati?«
»Eben, Professor Dati. Er ist der Erfinder unserer Heilmethode, er hat den ganzen technischen Apparat entworfen. Nun also, er, der Meister, lebt sozusagen zwischen dem ersten und dem Erdgeschoß. Von dort strahlt seine leitende Kraft aus. Aber, das garantiere ich Ihnen, sein Einfluß reicht nicht über den zweiten Stock hinaus; weiter aufwärts beginnen seine Vorschriften zu verblassen. Das Herz des Hospitals ist in der Tiefe, und in der Tiefe muß man sein, um die beste Behandlungsweise zu genießen.«
»Aber dann«, sagte Giuseppe Corte mit zitternder Stimme »mit einem Wort: Sie raten mir ...«

»Es kommt noch eine Sache hinzu«, fuhr der Arzt unbeirrt fort, »hinzu kommt, daß man in Ihrem besonderen Fall auch an das Ekzem denken muß. Eine Angelegenheit ohne jede Bedeutung, ich gebe es zu, aber leider lästig, und sie könnte auf die Dauer die ›Moral‹ beeinträchtigen. Und Sie wissen selbst, wie wichtig eine heitere Stimmung für die Genesung ist. Die Bestrahlungen, die ich Ihnen habe angedeihen lassen, waren nur zur Hälfte ergebnisreich. Der Grund hierfür? Es kann natürlich ein reiner Zufall sein, aber es kann auch sein, daß die Strahlen nicht stark genug sind. Nun also, im zweiten Stock sind die Apparate hierfür stärker. Die Möglichkeiten, den Ausschlag zu heilen, wären dort viel größer. Und dann, sehen Sie, wenn man die Genesung nur erst einmal eingeleitet hat, ist auch der schwerste Schritt getan. Beginnt man aber zu früh, wieder aufzusteigen, ist es viel schwerer, zurückzukehren. Wenn es Ihnen wirklich besser geht, dann wird nichts Sie hindern, wieder hierher zu uns emporzuwandern, oder auch noch höher hinaus, je nach Ihren ›Verdiensten‹, auch bis zum vierten, fünften, sogar bis zum sechsten, wage ich zu behaupten …«
»Und Sie glauben, daß dies die Heilung beschleunigen kann?«
»Aber darüber gibt es gar keinen Zweifel! Ich habe Ihnen schon gesagt, was ich täte, würde ich in Ihrer Haut stecken.«
Reden dieser Art führte der Arzt jeden Tag. Und es kam am Ende der Augenblick da der Kranke, seiner Belästigung durch den Ausschlag müde, ungeachtet eines instinktiven Widerstandes, in den Bereich der immer schwereren Fälle abzusinken, dem Rat zu folgen beschloß und in das tiefere Stockwerk umzog.
Im zweiten Stock bemerkte er sogleich eine besondere Fröhlichkeit sowohl beim Arzt wie bei den Schwestern, obwohl dort unten Kranke in Behandlung waren, deren Zustand noch zu großer Besorgnis Anlaß gab. Mehr noch: er entdeckte, daß diese Fröhlichkeit von Tag zu Tag wuchs. Von Neugier gepackt, fragte er seine Pflegerin, als er zu ihr ein wenig Vertrauen gefaßt hatte, weshalb denn in diesem Stockwerk alle so heiter seien.
»Ach, das wissen Sie nicht?« antwortete die Schwester, »in drei Tagen gehen wir auf Urlaub.«
»Wieso gehen wir auf Urlaub?«
»Gewiß doch. Der zweite Stock wird für fünfzehn Tage geschlossen

und das Personal hat Ferien. Diese Ruhezeit trifft der Reihe nach alle Abteilungen.«

»Und die Kranken? Was geschieht mit denen?«

»Da es verhältnismäßig wenige sind, legt man zwei Stockwerke zusammen.«

»Wie? Sie vereinigen die Kranken des zweiten und dritten Stockes?«

»Nein«, berichtigte die Pflegerin, »des zweiten und ersten. Die, die hier liegen, werden hinunterziehen müssen.«

»In den ersten Stock hinunterziehen?« sagte Giuseppe Corte bleich wie ein Toter. »Ich müßte demnach in den ersten Stock ziehen?«

»Aber gewiß doch. Und was ist denn dabei? Wenn wir wieder da sind, in vierzehn Tagen, werden Sie in dieses Zimmer zurückkehren. Ich weiß nicht, was daran so schrecklich sein soll.«

Doch Giuseppe Corte – ein geheimnisvoller Instinkt warnte ihn – wurde von nackter Furcht ergriffen. Da er jedoch einsah, daß er das Personal nicht hindern konnte, auf Urlaub zu gehen, und überdies davon überzeugt war, daß die neue Bestrahlung ihm gut tat (das Ekzem hatte sich fast völlig geschlossen), wagte er nicht, sich der neuerlichen Umquartierung zu widersetzen. Immerhin bestand er ungeachtet der Spötteleien der Krankenschwestern darauf, daß an der Tür seines Zimmers ein Kärtchen angebracht wurde, auf dem geschrieben stand: »Giuseppe Corte, vom zweiten Stock, nur vorübergehend hier.« Dies war ohne Beispiel in der Geschichte des Sanatoriums, aber die Ärzte ließen es geschehen, weil sie vermuteten, daß selbst kleine Widerstände bei einem so nervösen Temperament wie dem Cortes innere Erschütterungen auslösen könnten.

Im Grunde handelte es sich darum, vierzehn Tage auszuharren, nicht einen mehr, nicht einen weniger. Giuseppe Corte machte sich mit hartnäckiger Leidenschaft daran, sie zu zählen, wobei er ganze Stunden unbeweglich auf dem Bett ausgestreckt lag, die Augen starr auf die Möbel gerichtet, die nicht mehr so modern und freundlich waren wie in den oberen Abteilungen, sondern von größeren Dimensionen und feierlichen Formen. Ab und zu spitzte er die Ohren, da es ihm schien, als höre er das unbestimmte Röcheln

von Todeskämpfen aus dem Erdgeschoß, der Zimmerflucht der Moribunden, dem Reich der Verdammten.
Alles dies trug natürlich dazu bei, ihn zu umdüstern. Und die verringerte gute Laune schien die Krankheit zu nähren, das Fieber begann zu steigen, heftiger ergriff ihn die Schwäche. Durch das Fenster – es war jetzt Hochsommer, und die Flügel blieben fast immer geöffnet – sah man nicht mehr die Dächer, nicht einmal die Häuser der Stadt, sondern nur die grüne Mauer der Bäume, die das Krankenhaus umgab. Nach sieben Tagen, eines Nachmittags gegen zwei Uhr, traten plötzlich der Oberpfleger und drei Krankenwärter, die ein fahrbares Ruhebett vor sich herschoben, ins Zimmer. »Sind wir bereit für die Überfahrt?« fragte der Oberpfleger in scherzhaft wohlwollendem Ton.
»Was für eine Überfahrt?« fragte Giuseppe Corte mit gepreßter Stimme, »was sind das jetzt wieder für Scherze? Kommen die vom zweiten Stock denn nicht erst in sieben Tagen zurück?«
»Wieso zweiter Stock?« sagte der Oberpfleger, als verstehe er nicht, »ich habe Auftrag, Sie ins Erdgeschoß zu transportieren, sehen Sie, hier« – und er zeigte ihm ein gestempeltes Formular für die Überführung ins Erdgeschoß, unterzeichnet von Professor Dati höchstselbst.
Das Entsetzen, die höllische Wut Giuseppe Cortes explodierten in lautem Gebrüll, das durch die ganze Abteilung widerhallte. »Ruhe, Ruhe um Gotteswillen!« beschworen ihn die Wärter, »hier liegen doch Kranke, denen es nicht gut geht.« Aber es bedurfte größerer Dinge, um ihn zu beruhigen.
Endlich lief der Arzt herzu, der die Abteilung leitete, eine außerordentlich höfliche und sehr gebildete Persönlichkeit. Er fragte, was es gebe, überprüfte das Formular, ließ sich von Corte aufklären. Dann wandte er sich zornig an den Oberpfleger, behauptete, daß ein Irrtum vorliege, er habe keinen Auftrag dieser Art erteilt, seit einiger Zeit herrsche hier ein unerträgliches Durcheinander, er werde im Dunkeln gelassen über alles, was vorgehe … Schließlich, nachdem er sich gegen seinen Untergebenen Luft gemacht hatte, wandte er sich in höflichem Ton wieder dem Patienten zu und entschuldigte sich tausendmal.
»Leider«, endete der Arzt seine Rede, »leider hat Professor Dati

gerade vor einer Stunde einen kurzen Urlaub angetreten, er wird nicht vor zwei Tagen zurück sein. Ich bin völlig verzweifelt, aber seine Anweisungen dürfen nicht aufgeschoben werden. Er wird der erste sein, den Vorfall zu bedauern, ich versichere es Ihnen! Ein derartiger Irrtum! Ich begreife einfach nicht, wie er hat unterlaufen können!«

Ein mitleiderregender Schauer packte Giuseppe Corte und schüttelte ihn. Die Fähigkeit, sich zu beherrschen, war ihm völlig entschwunden. Das Entsetzen hatte ihn überwältigt wie einen kleinen Knaben. Sein Schluchzen drang durch das Zimmer.

So kam er also, auf Grund dieses verdammenswerten Irrtums, in die letzte Abteilung. Ins Reich der Moribunden, er, der nach dem Grad seiner Krankheit und dem Urteil selbst der strengsten Ärzte das Recht hatte, im fünften Stock zu wohnen, wenn nicht gar im sechsten! Die Lage war derart grotesk, daß Giuseppe Corte in manchen Augenblicken Lust verspürte, laut herauszulachen.

Ausgestreckt im Bett erblickte er, während der warme Sommernachmittag langsam über die Stadt zog, durchs Fenster das Grün der Bäume, und er hatte das Gefühl, er sei in einer irrealen Welt angelangt, die aus sinnlosen Wänden von sterilisierten Steinplatten bestand, aus eisigen Todesfiguren, aus weißen Menschengestalten ohne Seele. Schließlich kam ihm sogar der Gedanke, auch die Bäume, die er durchs Fenster zu erkennen meinte, seien nicht lebendig; und er wurde vollkommen davon überzeugt, als er feststellte, daß die Blätter sich tatsächlich nicht bewegten.

Diese Vorstellung regte Corte derart auf, daß er nach der Schwester klingelte und sich seine Brille bringen ließ, die er im Bett sonst nicht trug; erst dann gelang es ihm, sich ein wenig zu beruhigen: mit Hilfe der Gläser konnte er sich die Gewißheit verschaffen, daß es wirklich lebende Bäume waren und daß die Blätter, wenn auch nur ganz leicht, hin und wieder vom Winde bewegt wurden.

Als die Schwester hinausgegangen war, verstrich eine Viertelstunde vollkommener Stille. Sechs Stockwerke, sechs furchtbare Steinwände ragten jetzt, wenn auch auf Grund eines äußerlichen Irrtums, über Giuseppe Corte empor und lasteten auf ihm mit unerträglichem Gewicht. Wie viele Jahre – ja, man mußte mit ganzen

Jahren rechnen – würde er benötigen, um wieder bis zum Rand dieses steilen Felsens emporzuklimmen?
Aber wieso wurde das Zimmer auf einmal so dunkel? Es war doch immer noch heller Nachmittag. Mit äußerster Anstrengung blickte Giuseppe Corte, der sich von einer seltsamen Starrheit gelähmt fühlte, nach der Uhr auf dem Nachttischchen neben dem Bett. Es war halb vier Uhr. Er drehte den Kopf auf die andere Seite und sah, daß der Rolladen, einem geheimnisvollen Befehl gehorchend, sich langsam senkte und dem Licht jeden Eintritt verschloß.

OTTO VON TAUBE

Fülle mich, damit ich gebe

Fülle mich, damit ich gebe,
da ich nichts zu geben habe.
Alles ist nur deine Gabe.
Fülle mich, damit ich gebe.

Denn ein Leben ohne Geben
ist kein Leben, ist Verarmen.
Du hast Wärme zum Erwarmen,
du hast Licht zum Weitergehen.

Will ja nicht vom Ruhme gleißen
als wie einer, der da habe.
Geb' ich, ist's von deiner Gabe,
könnte nur Verwalter heißen.

Möchte still des Weges wandeln,
dein ist Reichtum, Reich und Ehren,
du allein kannst sie vermehren,
nicht mein Streben, Mühen, Handeln.

Füll mich drum, damit ich gebe,
wissend, daß es nicht das Meine.
Doch das Deine ist das Reine.
Fülle mich, damit ich lebe.

GERHARD SCHNATH

Sie hatte Krebs

Sie hatte Krebs. Jung war sie noch, siebenunddreißig Jahre alt; zu jung, um schon zu sterben. Aber die Ärzte ließen keine Hoffnung. Gottlob war sie unverheiratet. Ihr Verlobter war im Kriege geblieben; später war sie dann drüber weggekommen, wie die Leute bei uns sagen. Ihre Eltern lebten beide schon nicht mehr; einen Bruder hatte sie noch. Insofern war es, unter den gegebenen Umständen, noch wieder ein »glücklicher« Fall.

Ich war Vikar, pastoraler Lehrling sozusagen, als ich mit diesem »Fall« konfrontiert wurde. Ich konnte noch nicht wissen, daß daraus eine jener Begegnungen werden sollte, die man im Leben nicht sehr oft hat und darum schwerlich vergißt.

Ich war zu diesem Krankenbesuch geschickt worden, wie das so geht, wenn man anfängt. Nie bin ich mir ungeschickter vorgekommen. Wie soll einer da trösten, einer wie ich? Und womit? Bei den ersten Malen habe ich die Flucht nach vorn angetreten, meinte ich; ich habe, weil ich nichts zu sagen hatte, was Hand und Fuß gehabt hätte in dieser Lage, jeweils recht bald einen Psalm gelesen oder die Losung, habe ein arg allgemeines Gebet gesprochen und mich baldigst verdrückt. Zufrieden war ich nicht, über den geistlichen Anteil an meinem Geschäft am allerwenigsten. Sicher erschienen nicht nur mir meine Sprüche in meinem Munde wie ungedeckte Schecks. Ich merkte zunehmend, wie ihr das zuwider war.

Etwas verzweifelt suchte ich bei meiner Theologie Rat und Auskunft: Sollte man ihr helfen, sich dreinzuschicken? Was mein Gott will, das g'scheh allzeit, sein Will' der ist der beste? Sollte ich, mußte ich sie ver-trösten, im guten Sinne: ihr tröstend darüber hinweghelfen? Aber wie dann? Ich gestehe: mit der Sterbenskranken zusammen handfest und aus tiefstem Herzen gegen und mit Gott zu hadern, hätte mir von Mal zu Mal näher gelegen.

Landläufig jedenfalls galt das aber als ganz unschicklich und schrecklich unchristlich. Dabei hatte doch Jesus auch mit Gott um sein Leben gekämpft, daß es ihm das Blut wie Schweiß aus den Poren trieb. Und bei Hiob etwa und auch in den Psalmen war

ebenfalls einiges in dieser Richtung zu lernen. Dennoch und wiederum: Konnte das, wenn auch nicht das Einzige, so doch das Ziel meiner Aufgabe sein? Man kann, das merkte ich, so perfekte Meinungen haben darüber, solange es theoretisch ist.
Bei der jungen Lehrerin lernte ich schließlich, was man heutzutage wohl Theorie-Praxis-Bezug heißt: in immer offener und schonungsloser werdenden Gesprächen haben wir – nachdem sie sich eines Tages das fromme Getue verbeten hatte – miteinander das Problem, ihres vor allem, aber auch meines in dieser Situation, besprochen und nach einer gültigen Antwort gesucht.
Gültiges, so fanden wir, müßte befreiend wirken und lösen, müßte irgendwie sogar fröhlich machen können.
Eines Tages empfängt mich die Kranke in einer spürbar entkrampften Atmosphäre. Wissen Sie, sprudelt sie, kaum daß ich Platz genommen habe, los, wenn die Medizin doch noch rechtzeitig für mich das Mittel oder Verfahren gegen den Krebs entdecken sollte, dann will ich dafür und darin Gott loben und danken für die Jahre, die ich dann zusätzlich gewinne. Schafft sie es aber nicht mehr rechtzeitig, dann – bekommen Sie keinen Schrecken – will ich keine übliche christliche Beerdigung.
Ich muß dann doch wohl ein etwas betroffenes und fragendes Gesicht gemacht haben. Aber sie fährt gleich fort: Sehen Sie, für das, was aus mir dann im Sterben wird, steht Gott doch ein, wie Jesus ja versichert, auch ohne sogenannte christliche Bestattung. Oder? Darum soll mein kranker Körper der medizinischen Forschung zur Verfügung stehen. Vielleicht kann ich damit helfen, daß anderen nach mir rechtzeitiger geholfen wird. Dann gäbe es doch wieder etwas Neues, für das Gott schon auf Erden gelobt werden könnte.
Ich denke, sie war dem auf die Spur gekommen, von dem auch heute noch gilt: Er ruft dem, das nicht ist, daß es sei.

ZUM BESCHLUSS

DIETRICH BONHOEFFER

Stationen auf dem Wege zur Freiheit

Zucht

Ziehst du aus, die Freiheit zu suchen, so lerne vor allem / Zucht der Sinne und deiner Seele, daß die Begierden / und deine Glieder dich nicht bald hierhin, bald dorthin führen. / Keusch sei dein Geist und dein Leib, gänzlich dir selbst unterworfen / und gehorsam, das Ziel zu suchen, das ihm gesetzt ist. / Niemand erfährt das Geheimnis der Freiheit, es sei denn durch Zucht.

Tat

Nicht das Beliebige, sondern das Rechte tun und wagen, / nicht im Möglichen schweben, das Wirkliche tapfer ergreifen, / nicht in der Flucht der Gedanken, allein in der Tat ist die Freiheit. Tritt aus ängstlichem Zögern heraus in den Sturm des Geschehens, / nur von Gottes Gebot und deinem Glauben getragen, / und die Freiheit wird deinen Geist jauchzend empfangen.

Leiden

Wunderbare Verwandlung. Die starken, tätigen Hände / sind dir gebunden. Ohnmächtig, einsam siehst du das Ende / deiner Tat. Doch atmest du auf und legst das Rechte / still und getrost in stärkere Hand und gibst dich zufrieden. / Nur einen Augenblick berührtest du selig die Freiheit, / dann übergabst du sie Gott, damit er sie herrlich vollende.

Tod

Komm nun, höchstes Fest auf dem Wege zur ewigen Freiheit, / Tod, leg nieder beschwerliche Ketten und Mauern / unsres vergänglichen Leibes und unsrer verblendeten Seele, / daß wir endlich erblicken, was hier uns zu sehen mißgönnt ist. / Freiheit, dich suchten wir lange in Zucht und in Tat und in Leiden. / Sterbend erkennen wir nun im Angesicht Gottes dich selbst.

Aus Matthäus 25

in der Übertragung von Walter Jens

Der Tag wird kommen! *Das Reich der Himmel:* Mädchen nahmen ihre Lampen, um dem Bräutigam entgegenzugehen. Sie waren zu zehnt: fünf einfältige und fünf verständige Mädchen. Die Einfältigen nahmen nur die Lampen mit, doch sie vergaßen das Öl; die Verständigen dagegen nahmen mit ihren Lampen auch Krüge voll Öl mit. Als aber der Bräutigam lange nicht kam, wurden die Mädchen müde und schliefen ein. Plötzlich, um Mitternacht, lautes Geschrei: »Der Bräutigam! Kommt! Geht ihm entgegen!« Da standen alle auf, machten die Lampen zurecht und die einfältigen sagten zu den verständigen Mädchen: »Gebt uns etwas von eurem Öl; unsere Lampen erlöschen.« Aber die Verständigen antworteten ihnen: »Für uns zusammen wird es nicht reichen. Geht lieber, und holt es vom Kaufmann!« Da gingen die Einfältigen fort und kauften das Öl. Doch während sie noch unterwegs waren, kam der Bräutigam, und die Mädchen, die sich bereit gemacht hatten, gingen mit ihm zum Hochzeitsmahl. Dann schloß sich die Tür, und als die anderen Mädchen kamen – »Herr!«, riefen sie, »Herr, mach uns auf!« –, antwortete der Bräutigam ihnen: »Ich sage euch, und das ist wahr: Ich weiß nicht, wer ihr seid.«
Darum seid wachsam, denn ihr kennt weder den Tag noch die Stunde!
Und auch dies ist ein Beispiel: Ein Mann, der auf Reisen gehen wollte, rief, ehe er aufbrach, seine Knechte zusammen und übergab ihnen alles, was er besaß: Dem einen fünf Goldstücke, dem andern zwei, dem dritten eins ... jedem nach seiner Fähigkeit. Als er fort war, machte sich der Knecht, der fünf Goldstücke erhalten hatte, sogleich ans Werk, arbeitete mit seinem Geld und gewann fünf Goldstücke dazu; und auch der Knecht, der zwei Goldstücke erhalten hatte, verdoppelte sein Gut. Der dritte Knecht aber grub ein Loch in die Erde und versteckte darin das Goldstück, das er empfangen hatte: das Geld seines Herrn.
Als der Herr nun nach langer Zeit heimkehrte und mit seinen Knechten abrechnen wollte, trat als erster der Knecht vor, der fünf

Goldstücke empfangen hatte, und brachte ihm seinen Gewinn: »Herr«, sagte er, »fünf Goldstücke hast du mir anvertraut, und diese fünf hier habe ich dazuverdient.«
Da sagte der Herr: »Ich sehe, du bist ein guter und zuverlässiger Knecht, und weil du treu im kleinen warst, will ich dir Großes anvertrauen. Komm mit mir, das Fest wartet auf uns.«
Dann kam der Knecht, der zwei Goldstücke erhalten hatte, und sagte: »Herr, zwei Goldstücke hast du mir anvertraut, und diese zwei hier habe ich dazuverdient.«
Da sagte der Herr: »Ich sehe, du bist ein guter und zuverlässiger Knecht, und weil du treu im kleinen warst, will ich dir Großes anvertrauen. Komm mit mir, das Fest wartet auf uns.«
Schließlich trat der Knecht vor, der das eine Goldstück empfangen hatte, und sagte: »Herr, ich wußte, daß du hart und unbarmherzig bist: Ernten willst du, wo du nicht sätest, und scheffeln, wo du keine Saat ausgestreut hast! Ich hatte große Angst vor dir: deshalb habe ich dein Goldstück in der Erde vergraben. Hier hast du es; es gehört dir!«
»Du Nichtsnutz! Faulpelz!«, rief da der Herr, »du träger Mensch! Du wußtest, sagst du, daß ich ernte, wo ich nicht gesät und scheffle, wo ich keine Saat ausgestreut habe? Dann hättest du mein Geld den Wechslern geben müssen, damit es Zinsen hecke und ich es bei meiner Rückkehr wiederbekäme: und zwar mit Gewinn! Auf! Nehmt ihm das Geld ab! Gebt es dem Knecht, der die zehn Goldstücke hat!

Denn wer hat, bekommt mehr,
und mehr als genug,
und wird im Überfluß haben.
Wer aber nichts hat,
dem wird auch das Nichts noch genommen.

Nun aber werft ihn hinaus, unnütz und wertlos wie er ist! Ins Dunkel mit ihm: dort mag er mit den Zähnen knirschen und schreien!«
Wenn aber der Menschensohn kommt, der Herr mit all seinen Engeln, und sich auf dem Thron seiner Macht niederläßt, dann werden die Völker vor ihm versammelt sein, und er wird sie trennen, wie der Hirt die Schafe von den Böcken trennt. Zur Rechten die Schafe, zur Linken die Böcke: so wird er sie stellen, und wird

zu denen sagen, die rechts von ihm sind: »Kommt zu mir, mein Vater hat euch gesegnet, nehmt das Reich in Besitz, das von Anfang an für euch bestimmt war. Denn ich hatte Hunger, und ihr habt mir zu essen gegeben. Ich hatte Durst, und ihr gabt mir zu trinken. Ich war heimatlos, und ihr habt mir die Tür eures Hauses geöffnet. Ich hatte keine Kleider, aber ihr schenktet sie mir. Ich war krank: Ihr habt mich versorgt. Ich war in Gefangenschaft: Ihr habt mich besucht.«
Da werden die Gerechten ihn fragen: »Wir hätten dich hungern und dürsten gesehen und dir zu essen und zu trinken gegeben? Wir hätten den Heimatlosen gesehen und ihn beherbergt? Hätten dir Kleider gegeben, dich versorgt und im Gefängnis besucht?«
Dann wird der König zu ihnen sagen: »Ich sage euch, und das ist wahr: Hier! Schaut die armen Leute an! Was ihr für einen der Geringsten unter meinen Brüdern getan habt, das habt ihr für mich getan.« Und dann wird er sich zu den anderen wenden, zu seiner Linken, und zu ihnen sagen: »Weg! Weg mit euch, ihr Verfluchten, ins ewige Feuer, das der Teufel mit seinen Schergen in Brand hält! Ich hatte Hunger, und keiner von euch gab mir zu essen. Ich hatte Durst, doch niemand gab mir zu trinken. Ich war heimatlos, aber die Tür eures Hauses blieb für mich verschlossen. Ich hatte keine Kleider – ihr ließet mich nackt sein. Ich war krank: Habt ihr mich versorgt? Ich war im Gefängnis: Habt ihr mich besucht?«
Dann werden sie sagen: »Hungrig, durstig, heimatlos, krank, im Gefängnis? Wann hätten wir dich je so gesehen und dir nicht geholfen?«, und er wird ihnen antworten: »Ich sage euch, und das ist wahr: Hier! Schaut die armen Leute an! Was ihr für sie nicht getan habt, das habt ihr auch für mich nicht getan. Ewige Strafe für euch! Ewiges Leben für die Gerechten!«

Verfasser und Quellen

Agende, Herr, im Lichte... S. 92/93

Angelus Silesius, Soll ich mein letztes End... S. 13

Jean Anouilh, Jesuskind... S. 55

Walter Bauer, Ich gestehe... S. 33

Günter Bezzenberger, Dimensionen der Diakonie, S. 7

Paul Bischoff, Bitte um das Rechte, S. 68. Aus: »BE 222«, Gustav Bosse Verlag, Regensburg

Rudolf Bohren, Im Vorübergehen... S. 69

Dietrich Bonhoeffer, Mitleiden, S. 18; Ich glaube, daß Gott... S. 20; Gewißheit des Glaubens, S. 79; Wenn man völlig... S. 129; Es ist unendlich... S. 130; Der Schmerz... S. 130; Stationen auf dem Wege zur Freiheit, S. 153. Aus: »Widerstand und Ergebung«, Chr. Kaiser Verlag München, Neuausgabe 1970

Giordano Bruno, Jetzt und dann, S. 130. Aus: »Psalter und Harfe«, Verlag Langewiesche-Brandt, Ebenhausen 1955

Martin Buber, Oben und Unten... S. 13.

Dino Buzzati, Das Haus mit den sieben Stockwerken, S. 133. Aus: »24 Erzähler der Welt«, hrsg. von Martin Gregor-Dellin. Aus dem Italienischen von Antonio Luigi und Nino Erné. Nymphenburger Verlagshandlung GmbH, München 1964

Ernesto Cardenal, Armut, S. 42. Aus: »Das Buch von der Liebe«, Peter Hammer Verlag, Wuppertal 1971

Johann Amos Comenius, Ich danke meinem Gott... S. 71

Johannes Crasset, Betrachtung über die Nächstenliebe, S. 17. Aus: »Das Leben im Geist« Bd. 2, Ökumenischer Verlag Dr. R. F. Edel, 2. Aufl. Marburg a. d. Lahn 1971

Dankbarkeit ist Denken an... und Verantwortung, S. 38. Arbeitskreis Evang. Arbeitnehmer Karlsruhe, Pfarrer Wietershofer

Fénelon, Die innere Einfachheit, S. 98

Franz von Assisi, hoher und ruhmreicher Gott... S. 20; Gebet, S. 20; Die vollkommene Freude, S. 72

Max Frisch, Fragebogen, S. 14. Aus: »Tagebuch 1966–1971«, Suhrkamp Verlag, Frankfurt/M. 1972

André Gide, Leben unter dem Leid, S. 131. Deutsche Verlags-Anstalt Stuttgart

Johnson Gnanabaranam, Vor dir: eine offene Tür! S. 52; Gebet eines indischen Dorfchristen nach dem Besuch in der Stadt, S. 74. Aus: »Heute, mein Jesus«, Verlag der Evang.-luth. Mission, Erlangen 1967

Brüder Grimm, Das Märchen vom Sterntaler, S. 41; Die Boten des Todes, S. 132

Max von der Grün, Karl Maiwald, S. 29. Aus: »Stellenweise Glatteis«, Hermann Luchterhand Verlag, Neuwied 1973

Herr, du weißt es besser... S. 89. Gebet einer Äbtissin

Ludwig Hofacker, Ein Wort zum Nachdenken... S. 26

Walter Jens, Matth. 5, 3–12a, S. 5; Aus Matth. 25, S. 154. Aus: »Am Anfang der Stall – am Ende der Galgen«, Kreuz Verlag, Stuttgart 1972

Jewgenij Jewtuschenko, Es gibt keine uninteressierten Menschen... S. 55; In Zeitnot geraten, S. 76

Ernst Käsemann, Aktion, S. 90. Mit Genehmigung des Verfassers

Michel Kayoya, Gruß an den Bauern und den Arbeiter in der Unterentwicklung, S. 56. Aus: »Sprich deine Sprache, Afrika!« Jugenddienst-Verlag, Wuppertal 1971

Sören Kierkegaard, Wer ist dein Nächster? S. 59. Aus: »Christ aus Leidenschaft«

Robert Lambourne, Modelle für Heilung und Heil, S. 121

Martin Luther, Der Christ soll... S. 18

Toki Miyaschina, Nachdichtung des 23. Psalms, S. 71

Florence Nightingale, Spender des Lebens... S. 36

Friedrich Christoph Oetinger, Herr, gib mir die Kraft... S. 78

Blaise Pascal, Du hast mir Gesundheit gegeben...; Ich bitte dich... S. 127

Boris Pasternak, Doktor Schiwago, S. 111. Aus: »Doktor Schiwago«, Giangiacomo Feltrinelli Ed., Milano 1957; S. Fischer Verlag GmbH, Frankfurt a. M. 1958

Nestor Paz, Brief an Gott, S. 125

Arno Pötzsch, Unverloren, S. 133

Michel Quoist, Herr, ich denke... S. 26; Mein Kind... S. 51; Ich habe gerade abgehängt... S. 66; Herr, ich möchte... S. 91. Aus: »Herr, da bin ich«, Verlag Styria, Graz-Wien-Köln 1966

Christa Reinig, Gott ruft Kain, S. 92. Verlag Eremiten-Presse, Düsseldorf

Kurt Rommel, Wir kennen die Sonnensysteme, S. 37. Aus: »BE 222«, Gustav Bosse Verlag, Regensburg

Antoine de Saint-Exupéry, Gebet der Einsamkeit, S. 80; Gebet des Herrschers der Stadt in der Wüste, S. 99. Aus: »Gebet der Einsamkeit«, Karl Rauch Verlag, Düsseldorf 1970

Martin Scheel, Heil und Heilung, S. 112. Mit Genehmigung des Verfassers

Gerhard Schnath, Sie hatte Krebs, S. 151. Aus: »Themen der Hoffnung«, Jugenddienst-Verlag, Wuppertal 1971

Arthur Schnitzler, Der Sohn, S. 81. Aus: »Die erzählenden Schriften«, S. Fischer Verlag GmbH, Frankfurt a. M. 1961
Joachim Schöne, Der Bruder, S. 60. Aus: »Die Tür des Wortes«, Ev. Almanach auf das Jahr 1958, Ev. Verlagsanstalt Berlin
Else Schubert-Christaller, Das Bild Moses, S. 53; Die Mischna der Frommen, S. 93. Aus: »In deinen Toren, Jerusalem«. Jüdische Legenden, nacherzählt von Else Schubert-Christaller. Eugen Salzer Verlag, Heilbronn 1929
Roger Schutz, Kontemplatives Warten, S. 67. Aus: »Dynamik des Vorläufigen«, Gütersloher Verlagshaus Gerd Mohn
Albert Schweitzer, Immer klarer wurde mir... S. 28; Mein Wort an die Menschen, S. 33; Von dem in der Menschheit... S. 97
Alexander Solschenizyn, Tagesbeginn, S. 111. Aus: »Im Interesse der Sache«, Hermann Luchterhand Verlag, Neuwied 1970. Schöne Erinnerungen, S. 123. Aus: »Krebsstation«, Hermann Luchterhand Verlag, Neuwied 1968
Eduard Spranger, Reichtum und Nöte des Schwesternberufes, S. 46; Vom metaphysischen Leid, S. 128. Aus: »Stufen der Liebe«, Rainer Wunderlich Verlag, Tübingen 1965

Otto von Taube, Fülle mich... S. 150. Aus: »Gott liebt leere Hände«, hrsg. von H. J. Schultz, Kreuz Verlag, Stuttgart 1962
Gerhard Tersteegen, Nun schläfet man... S. 65
M. A. Thomas, Behüte meine Zunge, S. 65; Die Zeit vergeht, S. 79. Aus: »Fülle mein Herz«, MBK-Verlag, Bad Salzuflen 1960
Eva von Tiele-Winckler, Es kommt nicht darauf an... S. 97
Leo Tolstoi, Drei Fragen, S. 21. Aus: »Das erzählerische Gesamtwerk« Bd. III. Übersetzt von Marianne Kegel. Editions Rencontre, Lausanne o. J., Winkler-Verlag, München

Johannes Viebig, Wem wird geholfen? S. 27. Aus: »Wir brauchen einander«, Furche-Bücherei Band 179, Hamburg 1960
Willem A. Visser 't Hooft, Ein Christentum ... S. 16; Die Christen ... S. 17
Wer ist gemeint? Gebet der Mutter Teresa, S. 44
Oscar Wilde, Der glückliche Prinz, S. 100. Aus: »Das Haus zu den Granatäpfeln«, Märchen von Oscar Wilde. Übersetzt von Katrin Klarydith. Verlag Der Greif Walther Gericke, Wiesbaden 1952

Herausgeber und Verlag danken den Verfassern und Verlagen für die freundliche Genehmigung zum Abdruck.

Inhalt